L’erreur judiciaire

Apprendre à douter pour lutter contre les erreurs judiciaires

Droit privé et sciences criminelles

Collection dirigée par Yves Strickler

Créée fin 2011 par Yves Strickler et le Centre d'études et de recherches en droit privé (devenu le Centre d'études et de recherches en droit des procédures en 2013) de la Faculté de droit et science politique de Nice, la présente collection a pour vocation principale de publier des ouvrages en liaison avec le thème retenu pour dénomination de la collection. Cette dernière rassemble des recherches originales, tirées notamment de travaux de recherche, de manifestations scientifiques ainsi que d'ouvrages collectifs sur les interrogations actuelles que rencontre la science juridique, spécialement dans le domaine du droit privé et des sciences criminelles.

Dernières parutions

Fonctionnaires et droit pénal, Des justiciables comme les autres ?, dir. Christine Courtin, Marc Dalloz, 2015

L'expertise non judiciaire à l'aune des droits fondamentaux, par Thibault Goujon-Bethan, 2014.

Un art, un droit, une question, Triptyque juridico-artistique, dir. Diane Boustani, Dalida Chabri, Marion Combe, Sarah Farhi, Marie-Cécile Lasserre, 2014.

Le paiement, dir. M. Mignot et J. Lasserre Capdeville, 2014.

Le droit de l'exécution des peines : espoirs ou désillusions ?, dir. F. Ghelfi, 2014.

Le vice de procédure. Réflexions désordonnées d'un artisan du droit sur l'article 2241, alinéa 2 du Code civil, par Denys Mas, 2014.

Variations juridiques et politiques. Clés pour la compréhension du monde contemporain, dir. Yves Strickler, 2013.

Les infractions de harcèlement, par Sylvana Paradiso, 2013.

Volonté et biens. Regards croisés, dir. Yves Strickler et Fabrice Siiriainen, 2013.

La réforme de la garde à vue, dir. Christine Courtin, 2013.

L'arbitrage. Questions contemporaines, dir. Y. Strickler et J.-B. Racine, 2012.

Sous la direction de
Xavier Pin

L'erreur judiciaire

Apprendre à douter pour lutter contre les erreurs judiciaires

L'Harmattan

Extraits du colloque organisé à Lyon les 20 et 21 novembre 2014
par le Centre de droit pénal de Lyon,
en partenariat avec
l'association française de droit pénal (AFDP)

5-7, rue de l'Ecole-Polytechnique, 75005 Paris

http://www.harmattan.fr
diffusion.harmattan@wanadoo.fr

ISBN : 978-2-343-07284-5
EAN : 9782343072845

Sous la direction de Xavier PIN
Professeur à l'Université Jean Moulin, Lyon III

Programme complet du colloque :

DÉCOUVRIR

Présidence : Xavier PIN, *Professeur, Co-directeur du centre de droit pénal, Université Jean Moulin Lyon 3*

Regard historique sur l'erreur judiciaire, M. BONINCHI, *Maître de conférences, Université Jean Moulin Lyon 3*

Regard médiatique sur l'erreur judiciaire, D. RIZET, *journaliste*

Regards comparatistes (TABLE RONDE)

- L'erreur judiciaire en Europe, J. PRADEL, *Professeur émérite, Université de Poitiers*
- L'erreur judiciaire aux États-Unis, B. FIORINI, *doctorant, Université Jean Moulin Lyon 3*
- L'erreur judiciaire en Afrique sub-saharienne, A. HOUEDJISSIN, *assistant, Université Abomey Calavi*
- L'erreur judiciaire au Maghreb, M. MAOUENE, *Professeur, Université de Sidi Bel Abès*

PRÉVENIR

Présidence : A VARINARD, *Ancien recteur, Professeur Emérite, Université Jean Moulin Lyon 3*

Le recueil et la conservation des indices, F. DUPUCH, *Directeur de l'INPS*

Prévention de l'erreur et instruction, *doctorant (sélectionné à l'issue des « Doctoriales »)*

L'appel en matière criminelle, H.-C. LE GALL, *Président honoraire la Cour de justice de la République, Haut conseiller honoraire*

L'affaire *Azzimani*, Me ABRATKIEWICZ, *avocat*

L'affaire *Dany Leprince*, Me BAUDELOT, *avocat*

Innocence Project France, S. CORMIER, *avocat*

RÉPARER

Présidence : J. BUISSON, *Haut Conseiller à la chambre criminelle, Président de l'Association française de droit pénal,*

La révision des condamnations pénales, A. TOURRET et G. FENECH, *Rapporteurs de la mission d'information sur la révision des condamnations pénales*

Le fait nouveau (TABLE RONDE)

- Approche de la commission, J.-L. MOIGNARD, *président de la Commission de Révision*
- Approche d'un avocat, F. SAINT PIERRE, *avocat*
- Approche d'un avocat général, F.-L. COSTE, *ancien avocat général*

Le réexamen, B. THELLIER DE PONCHEVILLE, *Maître de conférences, Université Jean Moulin Lyon 3*

La réparation, J.-B. PERRIER, *Maître de conférences, Université d'Auvergne*

Rapport conclusif, CH. LAZERGES et H. HENRION, *Présidente et membre de la Commission nationale consultative des droits de l'homme*

Auteurs (ordre alphabétique) :

Sofian ANANE, Doctorant, Attaché temporaire d'enseignement et de recherche l'Université d'Aix-Marseille

Alexis BAVITOT, Doctorant, Attaché temporaire d'enseignement et de recherche à l'Université Jean Moulin Lyon 3

Jason CORROYER, Doctorant, Attaché temporaire d'enseignement et de recherche à l'Université Jean Moulin Lyon 3

François-Louis COSTE, Avocat général honoraire

Benjamin FIORINI, Doctorant, Attaché temporaire d'enseignement et de recherche à l'Université Jean Moulin Lyon 3

Hervé HENRION, Magistrat, Conseiller juridique à la Commission nationale consultative des droits de l'homme

Arnaud Frédéric HOUEDJISSIN, Docteur de l'université de Grenoble 2, spécialiste du droit international pénal et du droit des victimes de crimes internationaux, Chef adjoint de département de droit privé à la Faculté de droit de l'université d'Abomey-Calavi (Bénin)

Camille KUREK, Doctorant, Attaché temporaire d'enseignement et de recherche à l'Université Jean Moulin Lyon 3

Christine LAZERGES, Présidente de la Commission nationale consultative des droits de l'homme (CNCDH), Professeur émérite de l'Université Paris 1 Panthéon-Sorbonne

Audrey OUDOUL, Doctorant, Attaché temporaire d'enseignement et de recherche à l'Université d'Auvergne

Jean-Baptiste PERRIER, Professeur à l'Université d'Auvergne, Centre *Michel de l'Hospital*, EA n° 4232

Jean PRADEL, Professeur émérite de l'Université de Poitiers

Xavier PIN, Professeur, Co-directeur du centre de droit pénal, Université Jean Moulin Lyon 3

Alain TOURRET, Député du Calvados, Rapporteur de la proposition de loi sur la réforme des procédures de révision et de réexamen d'une condamnation pénale définitive

Sommaire

Avant-propos

Xavier PIN

L'Université *Jean Moulin* de *Lyon* s'est associée le 11 janvier 2013 à la mise en place de la première antenne française de l'organisation américaine « *Innocence project*», en acceptant de participer à un fonds de dotation intitulé *« Projet Innocence France ».* Or un tel projet, qui reposait sur l'idée selon laquelle la France ne disposerait pas d'une procédure pénale efficace pour lutter contre les erreurs judiciaires avait besoin d'une assise scientifique solide et de garanties d'indépendance sérieuses. Aussi le *Centre de droit pénal* de Lyon a-t-il proposé d'apporter cette assise et ces garanties, en initiant une recherche d'ampleur sur l'erreur judiciaire dans les affaires criminelles. L'objectif principal était de dresser un état du droit et des pratiques judiciaires pour mesurer la réalité de ces éventuelles erreurs judiciaires, pour en décrypter les causes et en analyser les remèdes.

Une telle étude supposait, plus précisément, de bien comprendre le contexte sociologique, historique et juridique dans lequel une erreur judiciaire, conduisant à la condamnation d'un(e) innocent(e), peut se produire, avant de se demander comment lutter contre.

Plusieurs axes de recherche ont été proposés : un axe comparatiste permettant de faire en quelque sorte le « tour du monde » des erreurs judiciaires, en focalisant sur l'Europe, sur les États-Unis, qui ont vu naître le projet *«Innocence »* et sur l'Afrique. La structure du procès pénal dans un pays ou dans un autre (accusatoire ou inquisitoire), l'éventail des peines proposées (réclusion criminelle, peine de mort, etc.) ainsi que le type de criminalité et le nombre d'erreurs judiciaires recensées, ont été mis en question ; un axe historique avec notamment une étude des grandes erreurs judiciaires (de l'affaire *Dreyfus* à l'affaire *Azimani*), pour essayer d'en comprendre la genèse ; et un axe juridique et judiciaire avec l'étude du système juridique et judiciaire français, pour se demander comment peuvent naître les erreurs judiciaires et comment il est possible de les éviter, tant au stade de l'investigation, qu'au stade de la discussion des preuves.

S'agissant de l'investigation, il était important de mettre en évidence la place respective de l'enquête publique (procureur ou juge d'instruction, saisine unique ou co-saisine, etc.) et de l'enquête privée (rôle accessoire ou rôle principal), de s'interroger sur la définition des indices, de mesurer la place et la valeur de la preuve scientifique (ADN, géo-localisation, neurosciences, etc.) et d'éprouver le système de conservation des pièces à conviction ou des scellés.

S'agissant de la discussion des preuves, l'étude devait porter sur le déroulement des débats (en particulier, les mesures d'instruction à l'audience), sur l'effectivité du droit à un double degré de juridiction, sur la procédure de révision (en particulier, à la notion de faits nouveaux), sur les possibilités de recours devant la Cour européenne des droits de l'homme, et sur la procédure de réexamen des décisions pénales après condamnation par cette même Cour européenne.

Enfin, la recherche devait éprouver le système de réponses aux erreurs judiciaires, en termes de réparation et de réhabilitation des innocents injustement condamnés. Elle a été concomitante à l'élaboration et la promulgation de la loi n° 2014-460 du 20 juin 2014 *relative à la réforme des procédures de révision et de réexamen d'une condamnation pénale définitive*, qui a eu clairement pour ambition d'améliorer les mécanismes de corrections des erreurs judiciaires.

Concrètement, cette recherche a donné lieu à deux séries d'études : les unes ont été publiées dans *Les nouveaux problèmes actuels de Sciences criminelles,* en 2014 (PUAM, Vol. XXV): X. Pin, Avant-propos, pp. 15-16 ; C. Sourzat, J. Corroyer, *« L'indice »,* pp. 17-34 ; C. Kurek, *« Les enjeux de l'expertise »*, pp. 35-49 ; D. Gibaud-Croset, *« L'appel en matière criminelle »*, pp. 50-78 ; A. Bavitot, *« Le fait nouveau en matière de révision »*, pp. 79-91 ; B. Thellier de Poncheville, A. Leroy, *« Le réexamen d'une décision pénale consécutif au prononcé d'un arrêt de la CEDH »*, pp. 93-108 ; B. Fiorini, *« Les voies de recours contre les condamnations injustes aux États-Unis »*, pp. 109-122 ; A. Aumaître, *« La prévention des erreurs judiciaires par la Cour pénale internationale »*, pp. 123-138 ; S. Cimamonti, J.-B. Perrier, « Réflexions conclusives », pp. 139-144.

Les autres ont été présentées lors d'un colloque à Lyon les 20 et 21 novembre 2014 et sont, en partie, reproduites et actualisées dans le présent ouvrage. Celui-ci est destiné à tous ceux qui ont soif de savoir et de justice. Il n'a qu'un seul objectif : contribuer à faire reculer les erreurs judiciaires.

PREMIÈRE PARTIE

DROITS ÉTRANGERS

L'erreur judiciaire en Europe

Jean PRADEL

Le principe de l'autorité de la chose jugée qui exclut en principe la reprise d'une décision pénale devenue irrévocable, est une idée nécessaire et respectable ; plus précisément le principe est socialement indispensable pour éviter que les procès s'éternisent[1]. Puissant, le principe n'est cependant pas absolu car au-dessus de lui, il en existe un autre, celui de « l'intérêt supérieur d'équité et d'humanité » qui permet « d'accorder à celui qui a été la victime innocente d'une erreur judiciaire une réparation matérielle et morale et d'assurer la bonne administration de la justice »[2]. Se trouve ainsi affirmée et justifiée la révision d'une décision erronée, même si celle-ci doit être soumise à de très strictes conditions.

On comprend aisément que l'immense majorité des législations nationales consacre la révision d'une décision manifestement infondée. Le droit français connait la révision depuis la grande ordonnance criminelle de Louis XIV, de 1670. De même, à l'étranger, la révision existe partout. Je vais essayer de le montrer pour certains droits européens et je choisirai pour l'essentiel six pays, l'Allemagne, l'Espagne, l'Italie, les Pays-Bas, la Roumanie et le Royaume-Uni[3]. N'imaginons pas cependant que ces six législations marchent d'un même pas. Le cadre juridique est évidemment constant : il s'agit toujours d'envisager les cas, la procédure et les effets de la révision. Mais la nature de ce cadre est assez variable.

I. Les cas de révision

Traditionnellement, les législations connaissaient la révision consécutive à une erreur de fait. Depuis quelques décennies est apparu le réexamen d'une décision consécutivement à une condamnation nationale invalidée par la CEDH, c'est-à-dire à la suite d'une erreur de droit.

---

[1] H. Motulsky, Pour une délimitation plus précise de l'autorité de la chose jugée en matière civile, D. 1968, chron. 14.

[2] Crim., 31 juillet 1909, D. 1912-I.79 ; 31 juillet 1913, Bull. crim., n° 381, D. 1915-I.134.

[3] V. l'étude du bureau de droit comparé du Service des affaires européennes et internationales (SAEI) du ministère de la justice de février 2013, reprise in rapport A. Tourret et G. Fenech. Corriger les erreurs judiciaires : la révision des condamnations pénales, rapport d'information n° 1598, décembre 2013, pp. 112 et s.

A. La révision proprement dite (après erreur de fait)

Toutes les législations consacrant la révision admettent la révision d'une condamnation erronée (révision *in favorem*). Quelques une consacrent également la révision d'un acquittement ou relaxe erroné (révision *in defavorem* ou *in malam partem*).

1. Sur la révision *in favorem*, les législations sont riches de cas, qui souvent se recoupent plus ou moins. Toutes les législations consacrant la révision consacrent la révision en faveur de l'innocent injustement condamné.

En Allemagne, la révision en faveur du condamné est possible dans cinq cas (§ 359 St PO) :

- un document présenté comme vrai lors des débats au désavantage du condamné était faux ou était falsifié ;
- un témoin ou un expert a été reconnu coupable d'avoir violé son serment volontairement ou par imprudence, au désavantage du condamné ou d'avoir hors serment fait une fausse déclaration ;
- un juge ou un juré en prenant part au jugement s'est rendu coupable d'un manquement pénalement punissable aux devoirs de sa charge, en rapport avec l'affaire, dans la mesure où ce manquement n'a pas été provoqué par le condamné ;
- un jugement civil, sur lequel le jugement pénal s'est fondé a été annulé par un autre jugement qui a acquis l'autorité de la chose jugée ;
- de nouveaux faits ou moyens de preuve sont produits qui sont de nature soit à justifier l'acquittement de l'accusé soit par l'application d'une loi pénale plus douce, une condamnation moins sévère ou une décision de rééducation ou de sûreté ;

En Espagne, la révision est possible dans les cas énumérés dans les articles 954 de la *Ley de enjuiciamiento criminal (LEC)*[1] :

- deux ou plusieurs personnes ont été condamnées pour les mêmes faits, par deux jugements contradictoires, qui n'ont pu être commis que par une seule personne ;
- une personne a été condamnée comme auteur ou complice d'un homicide d'une personne dont l'existence est confirmée après la condamnation ;
- une personne est condamnée en vertu d'un document, d'un témoignage déclaré faux (par décision définitive) ou des aveux ont été

[1] Vicente Gimeno Sendra, Derecho procesal penal, éd. Civitas-Thomson Reuters, 2012, p. 865 et s.

arrachés par la violence ou par un fait punissable commis par un tiers condamné définitivement ;

- après jugement surviennent de nouveaux faits ou de nouveaux éléments de preuve dont la nature rend évidente l'innocence du condamné. Sur ce quatrième cas, la jurisprudence est abondante, relative par exemple à la condamnation d'une personne étrangère aux faits en conséquence de l'utilisation par le vrai auteur de l'identité de cette personne, la fausse confession d'un tiers… En revanche n'est pas prise en considération la jurisprudence qui après la condamnation interprète le texte pour le « dépénaliser » : il n'y a pas ici faits nouveaux (*hechos nuevos*)[1].

En Italie, les articles 629 et s. CPP énumèrent quatre cas, étant noté préalablement que la révision est possible quelque soit la nature de la décision de condamnation (procédure ordinaire, *patteggiamento*, décret pénal de condamnation)[2] :

- les faits fondant une condamnation sont inconciliables avec une autre décision définitive ;
- la décision de condamnation a retenu que l'infraction était caractérisée sur la base d'une décision du juge civil alors que cette décision a été remise en cause suite à une question préjudiciable ;
- après la condamnation, de nouvelles preuves sont découvertes démontrant que le condamné doit être déclaré non coupable ;
- la condamnation a été prononcée sur la base d'un faux ou d'une infraction.

Pour assurer une application restrictive de la révision, la loi permet au juge d'infliger une amende au requérant qui fonderait sa requête sur un autre cas.

Les Pays-Bas connaissent deux cas de révision *in favorem* :

- contradiction de jugements ou arrêts ;
- existence d'un fait nouveau.

En Roumanie, la révision est prévue par l'article 453 CPP, en vigueur depuis le 1er février 2014, qui décrit plusieurs cas :

- sont découverts des faits ou des circonstances qui n'étaient pas connus par la juridiction au moment de la décision ;
- un témoin, un expert ou un interprète a commis l'infraction de faux témoignage dans l'affaire pour laquelle la révision est demandée ;

---

[1] Vicente Gimeno Sendra, précité, p. 870.

[2] Gilberto Lozzi, Lezioni di procedura penale, 7e éd., 2011, Giappichelli, Turin, p. 765 et s.

- un écrit a servi de fondement à l'arrêt dont la révision est demandée alors que cet écrit a été déclaré faux ;

- un membre de la formation de jugement, le procureur ou un enquêteur, a commis une infraction en relation avec l'affaire dont la révision est demandée ;

- deux ou plusieurs arrêts définitifs ne peuvent être conciliés.

Enfin au Royaume-Uni, l'idée de révision ne s'est que très lentement affirmée. Pour les condamnations prononcées avec jury, la procédure de révision n'est introduite qu'en 1907 (avec une décision sur la recevabilité aux seules mains du ministère de l'Intérieur). Pour les condamnations prononcées sans jury, par les *magistrates courts*, la révision n'est admise qu'en 1995[1]. Il est vrai que l'histoire récente, peu avant la loi de 1995, avait révélé des erreurs judiciaires célèbres, comme les *Birmingham Six* en 1992[2], les *Guilford Four* en 1989, les *Maguire Seven* en 1992, *Judith Ward* en 1993, *Cardiff Three* en 1993... ; s'ajoutera en 2003 l'affaire *Sully Clark*[3]. Selon l'article 13 (1) du *Criminal Appeal Act 1995*, un seul cas de révision est prévu : celui « d'une possibilité sérieuse (*real*) que la condamnation ... ne puisse être maintenue si la demande en révision est transmise à la juridiction compétente »[4].

J'aurais pu donner d'autres exemples. Il suffira de montrer que :

1° Les droits nationaux sont proches, en énumérant des cas précis, qui tous laissent penser que la décision aurait été autre si le juge avait eu connaissance de ces cas ou de l'un de ces cas ;

2° De toute façon, on retrouve toujours l'idée d'un fait nouveau, soit implicitement, soit même le plus souvent expressément.

---

[1] A. Guinchard, Le traitement des erreurs judiciaires en droit pénal anglais, AJ pénal, août 2011.

Six personnes sont condamnées dans les années 1970 pour attentats terroristes. La cour d'appel avait confirmé deux fois les condamnations, d'abord en appel et ensuite sur demande de révision introduite par le ministère de l'intérieur. Sur pression médiatique considérable, la cour d'appel casse enfin le 14 mars 1991 les condamnations qui reposaient sur des preuves fabriquées et de faux aveux extorqués par la police.

[3] A. Bailin et E. Craven, Composition for Miscarriage of Justice. Who now qualilties? Crim Law Review 2014, 511. Par exemple dans l'affaire des Birmingham Six, condamnées dans les années 1970 pour attentats terroristes, des preuves avaient été fabriquées par la police et de faux aveux avaient été extorqués.

[4] On notera que l'erreur judiciaire se dit en anglais *Wrongful conviction* (condamnation injustifiée) ou *miscarriage of justice* (fausse couche de la justice).

D'ailleurs, la loi française du 20 juin 2014, sur la révision et le réexamen d'une condamnation ne consacre plus qu'un seul cas, « le fait nouveau ou la survenance d'un élément inconnu de la juridiction au jour du procès » (art. 622 CPP).

2. Si la révision d'une condamnation est systématiquement admise dans les législations consacrant la révision, la révision d'un acquittement ou relaxe (*in defavorem*) est admise dans trois des six législations que j'ai retenues : Allemagne, Pays-Bas et Royaume-Uni, ce qui est assez considérable.

a) En Allemagne, la révision au détriment de la personne en cause est possible, selon le § 362 St PO, dans quatre cas dont les trois premiers ne sont que la transposition *mutatis mutantis* des dispositions prévues en cas de condamnation :

- un document produit comme vrai lors des débats à l'avantage de la personne poursuivie ne l'était plus ou était falsifié ;
- un témoin ou expert s'est rendu coupable d'avoir volontairement ou par imprudence, à l'avantage de la personne poursuivie, violé son serment lors du témoignage fait ou du rapport déposé, ou a fait hors serment une fausse déclaration ;
- le juge ou le juré ayant participé au jugement s'est rendu coupable d'un manquement aux devoirs de sa charge pénalement punissable, en rapport avec l'affaire ;
- le quatrième cas, original celui-là, est l'aveu crédible de l'infraction par l'acquitté, qu'il a été fait en justice ou de façon extrajudiciaire.

Aux Pays-Bas, une loi du 1er octobre 2013 vient d'introduire la procédure de révision suite à un acquittement ou relaxe. Plus précisément, deux cas de révision *in defavorem* sont institués :

- de nouveaux éléments de preuve découverts – par de nouvelles preuves techniques ou l'aveu crédible d'un ancien prévenu – font sérieusement présumer que, si le tribunal en avait eu connaissance, le prévenu accusé aurait été condamné ;
- l'existence d'une grave irrégularité de procédure, ce qui est large.

Toutefois, la révision d'un acquittement n'est possible que pour les crimes graves réprimés par une peine de réclusion à perpétuité.

Au Royaume-Uni, la révision après acquittement est admise avec *Criminal Justice Act 2003*, articles 75 et suivants. La loi ne permet cependant la révision que pour les affaires les plus graves et pour lesquelles de nouveaux éléments de preuve sont réunis. Ces éléments doivent être fiables, substantiels et d'une valeur probante indiscutable. Il peut s'agir d'échantillons ADN, d'empreintes digitales ou d'un nouveau témoignage capital au procès.

b) Il est utile d'ajouter qu'en dehors des six législations que j'ai retenues, il en existe deux autres qui admettent la révision *in defavorem*. Il s'agit du Portugal et de la Suisse.

Au Portugal, l'article 449 CPP énumère divers cas de révision possible. Les uns sont communs aux deux formes de révision (par exemple la décision s'appuie sur des moyens de preuves, faux) et les autres sont propres à la révision pour acquittement. Une telle révision est possible dans deux cas :

- une autre décision judiciaire a considéré comme faux des moyens de preuve qui ont été considérés comme déterminants pour la décision d'acquittement ou de relaxe ;
- un juge ou juré qui a participé à la formation de jugement a été reconnu coupable d'un crime en rapport avec cette affaire.

En Suisse, la révision *in defavorem* est reconnue, mais elle a peu prospéré que jusqu'à l'échéance du délai de prescription (art. 410 CPP)[1] alors que comme partout la révision *in farorem* est possible sans limitation de temps[2]. Avant la mise en application du CPP fédéral en 2011, chaque canton était libre dans son CPP de prévoir seulement une révision *in favorem* ou de prévoir aussi une révision *in defavorem*. Le Code genevois ne prévoyait que la révision *in favorem*, à l'instar du droit français. Depuis la mise en vigueur du nouveau CPP, en 2011, l'article 410 impose une révision en faveur et en défaveur pour tous les cantons.

Le rapport d'information établi par MM Tourret et Fenech en décembre 2013 et déjà cité a réfuté la possibilité de révision des décisions d'acquittement ou de relaxe au nom de la règle *ne bis in idem* et du risque de voir les victimes rechercher sans fin des preuves à l'encontre de la personne poursuivie et acquittée[3]. On peut répondre que la règle *ne bis in idem* est tout autant atteinte en cas de condamnation qu'en cas d'acquittement. De plus il est très possible de bloquer les manœuvres des victimes en limitant le lancement de la procédure de révision à une initiative du parquet ou du garde des Sceaux. Ajoutons que le sentiment de justice et que le droit comparé

---

[1] Y. Jeanneret et A. Kahn, Précis de procédure pénale, éd. Stämpfli, Berne, 2013, p. 500.

[2] N. Dongois, L'erreur judiciaire en matière pénale. Regards croisés sur ses contours et ses causes potentielles, Schultess, 2014, p. 14.

[3] Rapport précité, p. 75.

vont dans le sens de la possibilité d'une révision d'un acquittement. On soulignera enfin deux arguments parfois invoqués à l'encontre de la révision *in defavorem*. De très vieux textes comme l'ordonnance de Louis XIV de 1670 sur la procédure criminelle ne parlent que de la révision *in favorem*. Mais que valent de tels textes à l'heure où s'est développée la preuve scientifique comme l'analyse ADN ? Second argument, les victimes étaient en train de « faire leur deuil » et la survenance d'une poursuite va perturber cette reconstitution psychologique. Peut-être ! Mais on peut surtout imaginer l'inverse quand les faits sont très graves. Il semble bien que la révision *in defavorem*, au-delà des législations qui l'admettent se justifie parfaitement au regard du principe de justice fondamentale. Mais, répétons-le, il ne faut l'admettre que pour des faits très graves et dans les limites de la prescription.

B. Le réexamen d'une condamnation après décision de la Cour de Strasbourg

Si le condamné a le sentiment d'avoir été mal jugé et de n'avoir pu bénéficier d'un procès équitable, il peut saisir la CEDH. Et si celle-ci déclare non conforme à la Conv. EDH la décision contestée, elle peut accorder au requérant une satisfaction équitable en application de l'article 41 Conv. EDH. Or cette satisfaction peut s'avérer insuffisante pour réparer le préjudice subi par le requérant. Le Comité des ministres du Conseil de l'Europe avait demandé à plusieurs reprises que le procès puisse être refait ou que l'intéressé soit gracié[1].

C'est ainsi que plusieurs États du Conseil de l'Europe organisèrent au sein de leur propre législation un réexamen de la condamnation censurée par les juges de Strasbourg[2].

Donnons quelques exemples.

Au Royaume-Uni, la formule prévue pour la révision d'une erreur judiciaire (« possibilité sérieuse que la condamnation ne puisse être maintenue... ») vaut aussi pour le réexamen après condamnation par la CEDH pour violation de la Conv. EDH[3]. En Allemagne, le § 359 St PO

---

[1] V. not. recommandation du 19 janvier 2000 du Comité des ministres.

[2] Ce fut le cas de la France avec une loi du 15 juin 2000 suite à l'affaire *Hakkar c./ France*, req. n° 19033/91. V. commentaires de J.-F. Renucci : D. 2000, chr. 655, de F. Massias, RSC 2001/1, 128, et de M. Lafourcade. La réouverture des décisions de justice consécutive à un arrêt de la CEDH, compte rendu de B. de Lamy, RSC 2013, 246.

[3] S. Guinchard et al. Droit processuel. Droits fondamentaux du procès, Précis Dalloz, 2011, 6e éd., p. 254-255.

permet expressément un réexamen de la décision lorsque la CEDH a constaté une violation de la Conv. EDH et que le jugement refuse sur cette violation. Aux Pays-Bas, le réexamen est prévu « si une réclamation a pu être introduite avec succès auprès de la CEDH ». En Roumanie, l'article 453 CPP vise le cas du « jugement » fondé sur une disposition législative déclarée inconstitutionnelle après que le jugement est resté définitif lorsque les conséquences de la violation de la disposition constitutionnelle continue à produire des conséquences graves auxquelles il ne peut être remédié que par une révision du jugement rendu ». Enfin en Italie, la Cour constitutionnelle, dans sa sentence n° 113 en date du 7 avril 2011 a déclaré l'illégitimité constitutionnelle partielle de l'article 630 en ce qu'il omet un cas particulier de révision fondé sur l'article 46 alinéa 1er Conv. EDH. On rappellera que cet article dispose : « Les Hautes Parties contractantes s'engagent à se conformer aux arrêts définitifs de la cour dans les litiges auxquels elles sont parties ». Déjà par une décision du 1er décembre 2006, la Cour de cassation italienne avait ordonné la suspension de l'exécution d'une sentence de condamnation irrévocable rendue dans le cadre d'une procédure ayant abouti à un arrêt de Strasbourg constatant une violation de l'article 6 Conv. EDH[1].

Qu'il s'agisse d'une révision factuelle ou d'un réexamen, la procédure suivie est en général la même.

II. La procédure de révision

Première question, quelles personnes sont habilitées à introduire une requête en révision ? Dans la plupart des droits nationaux, peuvent agir le condamné, son conjoint, ses ascendants et descendants, ainsi qu'un membre du parquet[2]. Cependant au Royaume-Uni, c'est le service des poursuites pénales, *Crown Prosection Service (CPS)*, qui seul peut agir : en fait il agit à la suite d'une réclamation de la personne condamnée ou de son représentant.

Cela dit, la procédure est assez voisine d'un droit à l'autre. On décrira sommairement deux législations, celle du Royaume-Uni et celle de l'Allemagne.

---

[1] Gilberto Lozzi, précité, p. 773.

[2] Aux Pays-Bas, c'est le procureur général près la Cour de cassation. En Italie, c'est le procureur général près la Cour d'appel au sein de laquelle a été prononcée la décision critiquée.

A. La procédure du Royaume-Uni

Notons d'abord que la loi de 1995 permet la révision à la fois sur la culpabilité et sur la peine[1]. Cela dit, la procédure se déroule en deux temps.

- Le premier temps se déroulera devant la commission de révision des affaires pénales (CCRC)[2], composée de praticiens du droit et de non-praticiens, ces derniers étaient des psychiatres, des professeurs d'université, des fonctionnaires publics (*Criminal Appeal Act 1995*, art. 8). La CCRC peut demander les pièces du procès et tous documents détenus par tout service ; elle peut vérifier les preuves scientifiques. Elle ne peut statuer qu'après appel et elle ne peut décider la demande recevable que « s'il y a une possibilité sérieuse (*real*) que la condamnation ne puisse être maintenue » (*Criminal Appeal Act 1995*, art. 13 (1) a)), ce qui la conduit à prendre en compte des arguments non présentés au cours de l'instance ou les effets d'une condamnation du Royaume-Uni par la CEDH.

Il doit être noté que la demande n'est recevable que si le demandeur a fait appel avant d'agir. En somme, il faut d'abord utiliser la voix classique de l'appel pour pouvoir, le cas échéant, entamer une procédure de révision (art. 13 (1) a) *Criminal Appeal Act* 1995). Il ne suffit donc pas d'agir une fois que la décision est devenue irrévocable. Cette règle est importante car si le défendeur a plaidé coupable, il ne peut pas faire appel contre sa condamnation et donc il ne peut pas agir en révision.

- À partir de là, survient un deuxième temps pour lequel il faut distinguer. Si la décision contestée émanait d'un jury la CCRC peut renvoyer le cas à la *Court of Appeal. Criminal Division (CACD)*. Celle-ci se doit d'examiner l'affaire au regard des seuls éléments avancés par la CCRC au soutien de sa décision de transmission. La saisine de la CACD est relativement peu fréquente : de 1997 à 2010, sur les 13 526 demandes présentées, seules 454 ont été transmises à la CACD[3]. Si la CACD annule la condamnation – 293 l'ont été au cours de cette période – elle peut ordonner un *re-trial* avec un nouveau jury si des débats contradictoires sont nécessaires pour le bien de la justice.

---

[1] Cependant la révision sur la peine ne fait que 13% sur dix ans, A. Guinchard, Le traitement des erreurs judiciaires en droit pénal anglais, AJ pénal, juillet/août 2011, p. 348.

[2] *Criminal Cases Review Commission*, créé par le Criminal Justice Act 1995, ce qui supprime la fonction du ministère de l'intérieur en matière d'investigations pour erreur judiciaire.

[3] A. Guinchard, précité, p. 351.

Si la décision contestée n'émanait par d'un jury, la CCRC renvoi le cas on peut renvoyer le cas à la *Crown Court*, laquelle peut se saisir de tout élément, y compris ceux non soulevés par la CCRC. La *Crown Court* peut ordonner de nouveaux débats contradictoires si nécessaire. Il s'agit d'un *rehearing* et pas d'une *review* comme devant la CACD laquelle, on le voit, n'apparait pas pour les affaires sans jury[1]. Pour ces affaires, les demandes en révision sont très rares.

B. La procédure en Allemagne

Une seule juridiction intervient : il s'agit d'une juridiction de même nature située dans la même cour d'appel que celle ayant rendu le jugement contesté, la répartition des affaires étant effectuée chaque année par la commission de direction de la cour d'appel (art. 140 a de la loi sur l'organisation judiciaire GVG). Devant cette juridiction, la procédure se déroule en trois stades.

- Phase de l'examen de la recevabilité de la requête en révision (*Additionsverfahren*, art. 368 CPP, St PO). Cet examen a lieu sur dossier, au vu de la requête et des conclusions du parquet. Si aucun moyen de preuve pertinent n'est allégué, la requête est rejetée comme irrecevable.

- Phase de la vérification au fond, portant sur le bien-fondé de la demande (*Probationsverfahren*, art. 369 et s. St PO). Un juge préside l'instruction, ce juge ne pouvant par la suite participer aux débats. Ce juge peut procéder lui-même à la collecte des preuves ; il agit en présence du ministère public de l'accusé et de la défense (présence obligatoire d'un avocat). À l'issue de l'instruction, la juridiction compétente se prononce par décision motivée, mais sans débat oral (par ordonnance collégiale *beschluss*) sur la nécessité de rejuger ou non l'affaire : soit elle acquitte immédiatement le condamné sans renvoyer l'affaire à une audience de jugement, soit elle recoure à un jugement et c'est alors la troisième phase.

- Phase de jugement, en audience et selon les règles du droit commun. Si la condamnation est renversée, une indemnisation est allouée à l'innocent[2].

[1] Et qui peut seulement ordonner un *retrial* si nécessaire.
[2] En cas de condamnation après acquittement, l'intéressé va devoir subir une peine.

III. Les effets de la révision (en cas de succès de la demande)

L'indemnisation de la personne condamnée et donc victime de la justice est très naturelle. Elle est posée comme principe par l'article 14-6 du Pacte international relatif aux droits civils et politiques de 1966 dans les termes suivants : « Lorsqu'une condamnation pénale définitive est ultérieurement annulée ou lorsque la grâce est accordée parce qu'un fait nouveau ou nouvellement révélé prouve que s'est produit une erreur judiciaire, la personne qui a subi une peine en raison de cette condamnation sera indemnisée conformément à la loi, à moins qu'il ne soit prouvé que la non-révélation en temps utile du fait inconnu lui est imputable en tout ou en partie ».

Aujourd'hui, toutes les législations d'Europe assurent une indemnisation à la victime d'une erreur judiciaire. Mais la technique n'est pas partout la même et là encore le droit anglais se singularise.

Dans les pays d'Europe continentale, l'indemnité est un droit et elle est accordée par le pouvoir judiciaire. D'abord l'indemnité est de droit sur le fondement de l'idée d'égalité devant les charges publiques : quand l'État inflige à un individu un dommage, par exemple en le condamnant injustement, il est raisonnable qu'il donne une compensation à la victime. En Allemagne, on parle d'*Ausopferungsanspruch* (responsabilité par sacrifice). Ensuite, l'indemnité est accordée par une juridiction pénale et non par le pouvoir exécutif[1].

Au Royaume-Uni, la situation est autre .Traditionnellement, c'était le ministère de l'Intérieur qui pouvait faire un paiement *ex-gratia,* à la façon d'une grâce accordée par son maître, le souverain : l'indemnité était donc une faveur officielle, accordée par une autorité administrative et sur demande respectueuse et polie de l'ex-condamné. Les choses changent avec le *Criminal Justice Act* 1988 dont l'article 133 exige que le demandeur « *shows beyond reasonable doubt that there has been a miscarriage of justice* ». Ce système remplace progressivement celui *ex- gratia*. Dès lors, le droit à réparation pécuniaire ne dépend plus du bon vouloir du ministre de l'Intérieur.

---

[1] Ce qui peut traduire une certaine générosité. Cependant aux Pays-Bas, la demande ne réussit que si le juge considère que « toutes les circonstances étant considérées existent des raisons pour la rendre équitable », G. Corstens, Het Nederlandse Strafprocesrechti, 6e éd., 2008, nos 428-430.

La jurisprudence allait devoir interpréter cette phase. Après plusieurs décisions décevantes ou discordantes, la Cour suprême (ex *House of lords*) décide que le demandeur n'a pas à prouver son innocence et qu'il est contestable qu'il doive apporter cette preuve selon la Cour suprême[1].

Si tous les droits internes connaissent la révision (heureusement !) ils diffèrent souvent quant aux détails. Mais l'idée de révision, notamment *in favorem* est partout présente. Faut-il rappeler qu'il en va de même du droit européen. Selon l'article 3 du Protocole n° 7 à la Conv. EDH, « lorsqu'une condamnation pénale définitive est ultérieurement annulée... parce qu'un fait nouveau ou nouvellement révélé prouve qu'il s'est produit une erreur judiciaire, la personne qui subit une peine en raison de cette condamnation est indemnisée conformément à la loi ou à l'usage en vigueur dans l'État concerné, à moins qu'il ne soit prouvé que la non-révélation en temps utile du fait inconnu lui est imputable en tout ou en partie ».

---

[1] Affaire *Adams* (2011) UKSC 18, 2012) 1 AC 48 et (116), cité par A. Bailin et E. Craven. Compensation for Miscarriages of justice – Who now Qualifies ? The criminal Review, issue 7, 2014, p. 511 et s. V. aussi J.-S. Spencer, L'indemnisation des victimes des erreurs judiciaires vue des deux côtés de la Manche in Les voyages du droit, Mélanges en l'honneur de D. Breillat, LGDJ 2012, p. 536 et s.

L'erreur judiciaire aux États-Unis

Benjamin FIORINI

Bien souvent, en matière d'erreur judiciaire, les États-Unis sont présentés comme un exemple. Et plus précisément, comme un exemple à ne pas suivre.

Il faut dire que l'image de la justice pénale américaine est durablement associée à l'exécution de personnes innocentes. Que l'on songe, par exemple, à l'épisode des sorcières de Salem (1692), qui se solda par l'exécution de 25 personnes accusées d'envoûtement sur des jeunes filles[1]. Que l'on songe, encore, à la période des lynchages (notamment entre 1880-1950), procès expéditifs ayant frappé au premier chef la population noire[2]. Nul doute que ces évènements, dont le temps peine à effacer les cicatrices, ont imprimé le sceau de l'erreur judiciaire sur notre conception du système pénal américain.

D'ailleurs, sans avoir à se tourner vers le passé, les statistiques contemporaines donnent déjà des raisons de frémir. Sur une période comprise entre 1989 et aujourd'hui, le *National Registry of Exonerations*, élaboré par l'Université du Michigan et régulièrement actualisé par ses soins, répertorie 1583 personnes exonérées après avoir été définitivement condamnées[3]. Parmi ce large panel, il importe de souligner qu'un petit nombre d'erreurs judiciaires ont, hélas, été reconnues après la mise à exécution de la peine capitale…

Voici donc le sombre bilan américain, en tout cas si l'on se cantonne à l'erreur judiciaire au sens strict, c'est-à-dire aux cas des personnes réellement innocentes (« *actual innocence* ») ayant obtenu l'annulation des condamnations définitives prononcées à leur encontre[4].

Cependant, il serait possible d'adopter une définition plus extensive de la notion, en envisageant l'erreur judiciaire comme un *ressenti*. Dans ce cas, il faudrait inclure deux autres situations à notre analyse. Premièrement,

---

[1] M. K. Roach, *The Salem Witch Trials: A Day-To-Day Chronicle of a Community Under Siege*, Cooper Square Press, 2002.

[2] B. Manfred, *Popular Justice: A History of Lynching in America*, Chicago, Ivan R. Dee, 2011.

[3] *National Registry of Exonerations*, disponible à l'adresse suivante : https://www.law.umich.edu/special/exoneration/Pages/detaillist.aspx (dernière consultation : 15 avril 2014).

[4] On oppose l' « *actual innocence* » à la « *legal innocence* », situation où une base légale ou procédurale fait défaut pour supporter un verdict de condamnation, V° Innocence, *Black's Law Dictionary*, 9th ed., 2009.

devraient être abordés les cas où des individus bénéficient d'un acquittement ou d'un abandon des poursuites, alors même que l'opinion publique les considère (temporairement ou de façon permanente) comme coupables. Cette hypothèse renvoie principalement à des affaires fortement médiatisées, telles que l'affaire « *O. J. Simpson* », joueur de base-ball acquitté du double meurtre de son ex-femme et de son compagnon, malgré des éléments de preuve accablants[5]. On pense aussi à une affaire plus récente impliquant un ancien directeur du FMI, vite désigné par certains médias comme coupable, avant que les poursuites à son encontre soient abandonnées pour défaut de preuves suffisantes[6].
Secondement, si l'on retenait cette définition large de l'erreur judiciaire, il faudrait également prendre en compte les cas où des individus font l'objet d'une condamnation définitive, alors même que l'opinion publique les tient pour innocents. En la matière, l'un des cas les plus emblématiques est l'affaire *« Troy Davis »*, exécuté en septembre 2011 en dépit d'une mobilisation internationale de militants convaincus de son innocence[7].

Notre propos se focalisera sur l'erreur judiciaire au sens strict. Or, même à ne retenir que ces cas d'innocence réelle donnant lieu à une révision *in favorem* , on ne peut qu'être frappé de leur recrudescence sur le sol américain. D'où cette question : pourquoi l'ombre de l'erreur judiciaire est-elle si étendue outre-Atlantique ?

Pour les esprits français, une explication commode consiste à désigner le modèle accusatoire américain comme l'unique responsable de ces tragédies humaines, par opposition au modèle français, d'inspiration plus inquisitoire, qui limiterait naturellement ce risque. En effet, le système français, dont le fer de lance est le juge d'instruction, vise directement la manifestation de la vérité matérielle, c'est-à-dire la correspondance de la décision des juges avec la réalité des faits[8].

---

[5] Après avoir été acquitté au pénal mais reconnu responsable au civil, le célèbre sportif a publié un ouvrage où il se place de manière fictive dans la peau du tueur : O. J. Simpson, *If I Did It : Confessions of The Killer*, The Goldman Family, 2007.

[6] L'analyse de l'affaire par le procureur Cyrus Vance est détaillée dans le document suivant : « The People of the State of New York against Dominique Strauss-Kahn (Indictment No. 02526/2011) : Recommandation for dismissal », http://www.documentcloud.org/documents/238252-motion-to-dismiss-dominique-strauss-kahn-case.html

[7] P. S. Metze, « Troy Davis, Lawrence Brewer, and Timothy McVeigh Should Still Be Alive : Certainty, High Cost of Death and Immorality », *Charleston Law Review*, n° 6, 2012, p. 333.

[8] V. pour une définition de la vérité matérielle et de la vérité formelle, Ph. Conte, « L'instruction : le rôle du juge et des parties dans l'administration de la preuve », in

À l'inverse, selon certains auteurs, le système accusatoire américain se désintéresserait d'une telle vérité : son unique but serait d'organiser un combat (d'où le terme « *adversarial* » retenu aux États-Unis pour désigner la nature de la procédure), combat au cours duquel chacun aurait l'occasion d'exposer ses arguments loyalement, et où la version la plus vraisemblable l'emporterait[9].

Au final, aux États-Unis, ce serait moins le résultat du procès qui compterait que l'excellence de la procédure, c'est-à-dire le chemin emprunté pour parvenir au verdict : on parle alors de vérité formelle. Peu importe le résultat, pourvu qu'il soit obtenu dans les formes requises. D'ailleurs, cette conception formelle se retrouve dans l'expression la plus en vogue pour désigner l'erreur judiciaire aux États-Unis : « *miscarriage of justice* », littéralement « la mauvaise couche de la justice », comme si la forme primait sur le fond, comme si la douleur de l'accouchement comptait davantage que la naissance de l'enfant terrible.

Toutefois, il serait sans doute naïf de donner pleinement foi à cet exposé théorique, et de croire que l'idée de vérité exerce sur la France un tropisme inconnu aux États-Unis. Les américains ne goûtent pas plus l'erreur judiciaire que les français.

En réalité, l'importance de l'erreur judiciaire aux États-Unis est plutôt révélatrice d'un système trop sûr de bien faire, trop aveuglé par la contemplation (parfois béate[10]) de ses propres fondements. Convaincus que le choc des opinions entre l'accusation et la défense est la meilleure recette pour faire jaillir l'étincelle de la vérité - ainsi que l'a rappelé à de maintes reprises la Cour suprême[11] - ,les États-Unis ont longtemps fermé les yeux sur les excès générés par un tel modèle.

Le rôle du juge et des parties dans l'administration de la preuve, XVIIe colloque des Instituts d'étude judiciaires, Grenoble, 19-20-21 janvier 1989, IEJ-Faculté de droit de Grenoble, 1991, p. 34.

[9] A. Dethomas, « Un exemple de droit américain », in M. Benillouche (dir.), *Les procédures accusatoires*, CEPRISCA, PUF, 2012, p. 171 : « *Le système américain est plus pragmatique. C'est qu'il se fait assez peu d'illusion sur sa capacité à révéler la vérité. Ce n'est donc pas la manifestation de la vérité qu'il cherche, mais la mise en place d'un processus à l'issue duquel se manifeste la vérité judiciaire, c'est à dire la solution apportée au litige* ».

[10] « *Notre procédure a toujours été hantée par le spectre de l'innocent condamné. Il s'agit d'un rêve irréel* ». Voici les mots choisis par Learned Hand, juge à la Cour suprême des Etats-Unis, dans l'arrêt suivant : Supreme Court of the United States, *U.S. v. Garsson*, 1923, U.S. 291, p. 646 et s., spéc. p. 649.

[11] Supreme Court of the United States, *Berger v. U.S.*, 1935, U.S. 299, p. 78 et s., spéc. p. 88 : « *The twofold aim [of criminal justice] is that guilt shall not escape or innocence suffer* »; *Tehan v. U.S.*, 1968, U.S. 383, p. 406 et s., spéc. p. 416: « *The basic purpose of a trial is the determination of the truth.* »

Aujourd'hui, le flot avéré d'erreurs judiciaires a suscité une prise de conscience de la faillibilité du système pénal américain, débouchant sur une volonté de canaliser les excès de la procédure accusatoire. De façon globale, cette volonté de lutte contre l'erreur judiciaire s'est articulée autour de trois axes, qui correspondent d'ailleurs à trois thèmes majeurs de ce colloque : la prévention de l'erreur judiciaire (**I**), sa découverte (**II**) et sa correction. Seuls les deux premiers thèmes seront abordés, et l'on s'autorisera à renvoyer à nos travaux pour le troisième[12].

I. La prévention de l'erreur judiciaire aux États-Unis

Il n'existe aucune parade décisive contre l'erreur judiciaire. Néanmoins, la procédure retenue détermine en grande partie sa survenance. D'où l'intérêt d'y apporter des retouches lorsqu'il a été démontré, par l'expérience, que certains choix procéduraux favorisaient la condamnation de personnes innocentes.
Dans le cadre de ce bref exposé, il est impossible d'énumérer l'ensemble des causes d'erreurs judiciaires jusqu'alors recensées en Amérique, ni l'ensemble des réponses y apportées. Le propos se consacrera seulement aux causes les plus importantes, en les divisant en deux catégories : celles qui sont « universelles », en ce sens qu'elles sont susceptibles de se retrouver identiquement dans tout système procédural, qu'il soit à dominante accusatoire ou inquisitoire (A) ; d'autre part, celles qui sont naturellement exacerbées par le système « *adversarial* » en vigueur aux États-Unis (B).

Les causes d'erreur judiciaire non liées à la procédure accusatoire

Parmi les causes universelles d'erreur judiciaire, l'une se dégage très nettement : l'erreur du témoin oculaire sur l'identité du coupable (« *eyewitness misidentification* »). Il s'agit, de loin, de la cause d'erreur judiciaire la plus importante aux États-Unis, puisqu'elle se retrouve, seule ou combinée à d'autres causes, dans 72 % des cas selon l'association *Innocence Project*[13] (« seulement » 35 %, toutefois, si l'on se penche sur le *National Registry of Exonerations*).

---

[12] B. Fiorini, « Les voies de recours contre les condamnations injustes aux Etats-Unis », in *Les Nouveaux Problèmes Actuels de Sciences Criminelles*, n° XXV, PUAM, 2014, p. 109 et s.

[13] S. A. Krieger, « Why Our Justice System Convicts Innocent People, and the Challenges Faced By Innocent Projects Trying To Exonerate Them », *New Criminal Law Review,* n° 3, 2011, p. 334 et s.

L'affaire « *Ronald Cotton* » est certainement la plus emblématique à ce sujet. Accusé de viol, il est formellement reconnu à l'audience par la victime, Jennifer Thompson, et condamné en 1987 à la prison à vie. En prison, la « chance » veut qu'il rencontre le véritable auteur des faits, détenu pour d'autres crimes. Après que ce dernier ait reconnu les faits de viol, des tests ADN sont pratiqués, innocentant définitivement Ronald Cotton, libéré en 1995 après 7 ans derrière les barreaux. Le plus étonnant dans cette affaire, c'est que lors du procès en révision, la victime ne reconnut pas son véritable agresseur, demeurant persuadée qu'il s'agissait de Ronald Cotton[14] !

Comment expliquer cette proportion (presque incroyable) d'erreurs judiciaires dues à des approximations involontaires de la part des témoins ? En réalité, la réponse est d'ordre purement cognitif - ce qui n'interdit pas au juriste de s'y intéresser. Des tests cliniques ont en effet démontré que la mémoire humaine n'avait strictement rien à voir avec un parfait enregistreur. Loin d'être fixe ou immuable, la mémoire est mouvante, vivante. On croit se souvenir, alors que notre mémoire nous trompe, pervertie par le temps et les évènements. D'après les experts en sciences cognitives, ce caractère modulable de la mémoire est accentué lorsque la personne se trouve sous l'emprise d'une vive émotion, ce qui est souvent le cas lorsque le témoin vient d'assister à une scène de crime - surtout lorsqu'il en est la victime. C'est pourquoi, dans une telle situation, d'infinies précautions doivent être prises avec les témoins pour ne pas trop altérer leur mémoire directe des évènements. Ces précautions doivent être redoublées durant la période qui suit immédiatement la commission des faits, c'est-a-dire la phase de l'enquête policière[15].

Pour bien faire comprendre cette nécessité, on peut convier à notre exposé l'exemple du « *photo array* », technique par laquelle les policiers montrent au témoin des photographies de différentes personnes afin qu'il désigne, parmi eux, celui qu'il reconnaît comme l'auteur des faits. Plusieurs expériences concourent à démontrer qu'il s'agit d'une étape cruciale dans la constitution de la mémoire du témoin, et que par de mauvaises pratiques, la police peut amener le témoin à substituer dans son esprit, à l'image du véritable criminel, celui d'un authentique innocent.
Deux types de mauvaises pratiques ont notamment été mis à jour. Dans le premier cas, le policier est déjà convaincu de la culpabilité de l'un des

---

[14] Cette affaire est relatée dans un ouvrage co-écrit, notamment, par la victime et l'homme injustement condamné : J. Thompson-Cannino, R. Cotton & E. Torneo, *Our Memoir Of Injustice And Redemption*, St. Martin Press, 2010.

[15] V. pour pour une synthèse des réponses apportées par les sciences sociales et cognitives sur la question des erreurs d'identification commises par les témoins, J. Samaha, *Criminal Procedure*, 8th ed., International Edition, 2012, pp. 311-326.

individus dont il présente la photographie au témoin. Par ses gestes, ses mimiques, ou autres attitudes physiques, il peut - même sans le vouloir - inciter le témoin à choisir parmi les différents individus celui qu'il croit coupable, et ancrer durablement sa culpabilité dans les souvenirs du témoin. C'est ce que les américains nomment le problème des procédures d'identification suggestives[16].

Pour éclairer la seconde mauvaise pratique, il s'agit de comparer deux méthodes de présentation des photographies. La première - la plus usitée aux États-Unis - consiste à présenter simultanément au témoin l'ensemble des individus photographiés, afin qu'il choisisse parmi eux l'auteur des faits (« *simultaneous presentation* »). La seconde méthode consiste à lui présenter chaque photographie l'une après l'autre (« *sequential presentation* »).
A priori, il n'y a guère de raison de considérer qu'une méthode est préférable à l'autre. Pourtant, des tests cliniques ont démontré que la première méthode accroissait considérablement les risques d'erreur, dans la mesure où le témoin tend à choisir un individu par comparaison avec les autres. En quelque sorte, lorsque les photographies sont présentées d'un seul coup au témoin, son penchant est de désigner celui qui, dans ses souvenirs, paraît le plus proche du coupable par rapport aux autres, et non dans l'absolu. Ce problème, les américains l'appellent le « *relative judgment* »[17].

Ainsi, au regard de ces deux problèmes d'ampleur, d'aucuns ont élaboré un code de bonne conduite policière pour amener le témoin à reconnaître le suspect sans corrompre sa mémoire[18]. Cette méthode idéale suppose, d'une part, de faire en sorte que le policier pratiquant le « *photo array* » n'ait aucune connaissance de l'affaire (« *blind administration* »), et d'autre part, de dévoiler chaque photographie au témoin l'une après l'autre. Il importe de noter que ces prescriptions sont également applicables à la technique du « *lineup* », par laquelle il est demandé au témoin d'identifier l'auteur des faits parmi plusieurs personnes alignées devant lui, derrière un miroir sans teint.
À l'heure actuelle, bien que les pratiques soient loin d'être uniformisées, une quinzaine d'États ont adopté des lois en ce sens, tandis que certaines polices imposent, en interne, un code de bonne conduite incluant ces prescriptions[19].

---

[16] G. L. Wales & D. S. Quinlivan, « Suggestive Eyewitness Identification Procedures and the Supreme Court's Reliability Test in Light of Eyewitness Science: 30 Years Later », *Law and Human Behavior*, n° 33, 2009, p. 1 et s.

[17] J. Samaha, *op. cit.*, p. 322.

[18] V. le modèle de législation élaboré sur ce thème par *Innocence Project* : http://www.innocenceproject.org/free-innocent/improve-the-law/EWIDPrescriptiveModelBill2015.pdf

[19] J. Samaha, *op. cit.*, p. 322.

En revanche, le test de crédibilité des témoignages mis en place par la Cour suprême reste en deçà de telles exigences[20].

Au-delà de cette cause d'erreur judiciaire qui est avant tout de nature psychologique et neurologique, existent également des causes stimulées par la nature accusatoire du système pénal américain.

B. Les causes d'erreur judiciaire renforcées par la procédure accusatoire

Si de nombreuses causes d'erreur dopées par le système « *adversarial* » pourraient être citées, il en est deux qui ressortent nettement, dont on va voir qu'elles se nourrissent l'une de l'autre.
Premièrement, les mauvaises conduites (« *misconducts* ») de la part de la police ou du procureur[21]. Le système américain, basé sur la confrontation frontale entre la société et l'accusé, pousse parfois policiers et procureurs à user de moyens déloyaux pour prouver la culpabilité de celui qu'ils croient coupable. La tentation est d'autant plus forte qu'au niveau étatique, les procureurs sont élus, et que soucieux d'être réélus, ils ont tout intérêt à afficher un taux important de condamnation[22]. La logique élective apparaît ici en inadéquation avec la préservation des innocents.

Reste à déterminer quelles sont les formes de « *misconducts* ». En pratique, elles peuvent consister en des comportements illégaux, tels que la constitution de fausses preuves. Mais surtout, elles peuvent se cacher derrière des comportements parfaitement légaux dans le cadre du système « *adversarial* ». À ce titre, doivent notamment être mentionnées les pressions exercées par le procureur sur la personne mise en cause dans le cadre du « *plea bargaining* », cette procédure par laquelle l'individu reconnaît sa culpabilité et renonce à être jugé par un jury, en échange d'un abandon de certaines charges ou de la modération de la peine[23]. Le problème est bien entendu que le mis en cause innocent peut être tenté d'accepter le

---

[20] Supreme Court of the United States, *Manson v. Brathwaite*, 1977, U.S. 432, p. 98 et s.

[21] S. A. Krieger, *op. cit.*, p. 334 et s.

[22] W. Stuntz, *The Collapse of American Justice*, Harvard University Press, 2011, p. 68. - J. Cedras, *La justice pénale aux Etats-Unis*, 2e éd., Economica, 2005, p. 23. - Ce dernier auteur fourni l'exemple d'un slogan de campagne utilisé par un candidat à la fonction de procureur : « A Conviction Man ». Il s'agit bien entendu d'un jeu de mot, le terme « *conviction* » ayant le double sens de *détermination* et de *condamnation*.

[23] J. Pradel, *Droit pénal comparé*, 3e éd., Dalloz, 2008, spéc. pp. 448-450.

deal plutôt que de risquer une peine plus importante lors du procès[24], surtout si le procureur ne lui révèle sciemment que les éléments du dossier à charge. L'individu sous pression procède alors à une « *false confession* », faux aveux dont on voit bien qu'il est directement lié à l'attitude du procureur. Ce problème se retrouve dans environ 13% des cas d'erreurs judiciaires jusqu'alors recensés par le *National Registry of Exonerations*.

Enfin, seconde cause d'erreur judiciaire fortement liée à la procédure accusatoire : l'assistance insuffisante de la part de l'avocat de la défense[25]. Aux États-Unis, le « *counsel* » est considéré comme le pivot du système accusatoire, au point que le droit à l'assistance d'un l'avocat est garanti par le VIe Amendement à la Constitution américaine. L'équilibre entre l'accusation et la défense, et partant, la crédibilité même du système, n'existe que si cet avocat remplit fidèlement sa mission[26]. En effet, si l'avocat ne protège pas son client contre l'action du procureur, ni le juge d'instruction (qui n'existe pas), ni le juge de jugement (qui reste au-dessus des débats car, selon un vieil adage de *Common law*, il ne doit pas descendre dans l'arène pour ne pas être aveuglé par la poussière du conflit[27]) ne pourra défendre efficacement le mis en cause. Le dynamisme de l'avocat de la défense, censé, par exemple, rechercher activement des preuves à décharge, est essentiel pour que l'idéal accusatoire dépeint par la Cour suprême ne soit pas une simple vue de l'esprit.

Or, force est de constater que trop souvent, le client ne bénéficie pas de la même défense selon qu'il est puissant ou misérable. Les plus aisés ont bien entendu la possibilité de s'offrir des avocats renommés, assistés d'une kyrielle de détectives privés, capables de mettre en branle une série impressionnante d'investigations. À l'inverse, les plus vulnérables, aux revenus modestes, souvent issus des minorités ethniques, bénéficient généralement de l'assistance d'un « *public defender* ». Bien que la défense mise en oeuvre par ceux-ci soit souvent de bonne facture, il est évident que leur surcharge de travail les incite, parfois, à se détourner des intérêts de

---

[24] R. D. Covey, « Longitudinal Guilt : Repeat Offenders, Plea Bargaining, and the Variable Standard of Proof », *Florida Law Review*, n° 63, 2011, p. 431 et s., spéc. p. 450.
[25] S. A. Krieger, *op. cit.*, p. 334 et s.
[26] J. J. Tomkovitch, *The Right to the Assistance of Counsel: A Reference Guide to the United States Constitution*, Westport, Conn. : Greenwood Press, 2002, p. 40 et s.
[27] Lord Grenne, Yuill v. Yuill 1945 [1] All ER 183 (CA) at 189: *« The Judge who himself conducts the examination [...] descends into the arena and is liable to have his vision clouded by the dust of conflict. Unconsciously he deprives himself of the advantage of calm and dispassionate observation. »*

leurs clients pour faire primer leurs intérêts personnels[28]. La défense des pauvres n'ayant qu'un faible intérêt lucratif, l'avocat est souvent tenté de conseiller à son client de plaider coupable, et c'est en partie ce qui explique qu'environ 97,1 % des affaires se soldent par un tel accord[29]. En outre, même dans les cas, heureusement fréquents, où la dévotion des « *public defenders* » les conduit à privilégier uniquement l'intérêt de leurs clients, ils demeurent souvent dans l'impossibilité matérielle de mener des investigations à décharge.

Ces causes manifestes d'erreurs judiciaires sont connues de longue date aux États-Unis. Pourtant, aujourd'hui, peu d'initiatives voient le jour pour en venir à bout, sans doute parce que cela supposerait d'atténuer une logique accusatoire profondément ancrée dans la culture américaine.
Au cours du XXe siècle, la principale réponse apportée à ces différents problèmes a consisté à offrir à la personne mise en cause davantage de garanties, de façon à équilibrer au maximum son rapport de force avec le procureur. Par exemple, l'interprétation jurisprudentielle du VIe Amendement, qui garantit le droit à l'assistance d'un avocat, a considérablement évolué en faveur de l'accusé. Tout d'abord, ce droit ne s'entendait que comme une possibilité réservée à ceux qui avaient les moyens de s'offrir un avocat (*« retained counsel »*), ou à ceux qui s'attiraient la sympathie d'un avocat *pro bono*. Depuis, la Cour suprême a reconnu le droit à un avocat désigné d'office (*« appointed counsel »*) pour les plus démunis, dans des situations de plus en plus nombreuses[30].
De même, à l'origine, l'assistance de l'avocat s'entendait seulement, pour ainsi dire, de sa présence à l'audience ; peu importait la vacuité de sa défense[31]. Aujourd'hui, après une longue évolution, la Cour suprême

---

[28] M. S. Weiss, *Public Defenders: Pragmatic and Political Motivations to Represent the Indigent*, New York, LFB Scholary Publishing, 2005.

[29] U.S. Sentencing Commission's, *2014 Sourcebook of Federal Sentencing Statistics*, Sentencing Information, Guilty Plea and Trial Rates, Figure C.

[30] La Cour suprême a peu à peu étendu le droit à un « *appointed counsel* » : Supreme Court of the United States, *Powell v. Alabama,* 1932, U.S. 287, p. 45 : lorsque l'accusé est pauvre, illettré, ignorant, isolé, et exposé à une peine capitale. - *Johnson v. Zerbst,* 1938, U.S. 304, p. 458 : dans toutes les affaires fédérales au stade du procès. - *Gideon v. Wainwright,* 1963, U.S. 372, p. 335 : dans toutes les affaires de *« felony »* au niveau des Etats fédérés. - *Agersinger v. Hamlin,* 1972, U.S. 407, p. 25 : dans toutes les affaires mettant en cause une infraction faisant encourir une peine privative de liberté.

[31] L'avocat devait seulement se conformer au « *mockery of justice standard* », c'est-à-dire ne pas transformer le procès en mascarade. Or, cette condition était appréciée avec beaucoup de souplesse par les tribunaux. Ainsi, il a pu être jugé que le fait pour l'avocat de s'endormir au cour du procès ne l'empêchait pas de respecter cette exigence : J. Samaha, *op. cit.*, p. 414.

a consacré le droit à une défense substantielle (« *effective assistance of counsel* »). Si la défense n'atteint pas un degré de qualité suffisant, elle considère que l'accusé a été privé d'un droit constitutionnel, ce qui peut, à terme, ouvrir la voie à une révision de sa condamnation[32].

On le voit, ce remède aux causes d'erreurs judiciaires aiguisées par le système « *adversarial* » consiste, en réalité, à se rapprocher d'un idéal accusatoire jusque-là non atteint. Il tend à équilibrer au maximum les forces de l'accusation et de la défense, dans l'espoir que cet équilibre serve la manifestation de la vérité. Toutefois, comme on l'a déjà vu, ces progrès sont loin de donner entièrement satisfaction. L'équilibre est pour l'heure illusoire, la police et le procureur étant en situation de force par rapport à une défense certes raffermie, mais structurellement trop faible.
De ce fait, des erreurs judiciaires continuent à se produire, et il faut les découvrir.

II. La découverte de l'erreur judiciaire aux États-Unis

Corriger une erreur judiciaire suppose, au préalable, sa découverte. Or, une telle découverte est rarement fortuite. Elle est généralement le fruit de recherches acharnées, s'étendant parfois sur plusieurs années. La possibilité de corriger l'erreur judiciaire présume donc l'existence d'acteurs (A) et d'outils (B) pour la mettre à jour.

A. Les acteurs de la découverte

S'il est une singularité américaine au niveau des acteurs de la découverte de l'erreur judiciaire, c'est, à n'en pas douter, le rôle fondamental joué en ce domaine par l'initiative privée.
Comme en France, l'un des principaux problèmes en matière d'erreur judiciaire est sa reconnaissance par la justice. Aucun système ne remet aisément en cause les résultats du processus pénal, encore moins lorsque ce processus est érigé comme un rempart contre les erreurs. Le souci d'achèvement définitif du procès, que les américains appellent « *finality* », est en outre renforcé par une déférence certaine envers les verdicts rendus par les jurys populaires, normalement compétents pour juger la quasi-totalité des affaires pénales en vertu du VIe Amendement à la Constitution américaine[33].

---

32 Supreme Court of the United States, *Strickland v. Washington*, 1984, U.S. 466, p. 668.

33 V. pour une critique de cette confiance faite aux jurés, G. Van Kessel, « Adversary Excesses in the American Trial », *Notre Dame Law Review*, n° 67, 1992, p. 403 et s., spéc. pp. 459-463.

Comment briser ces chaînes qui relient l'erreur judiciaire à son déni ? La réponse est somme toute assez simple : grâce au doute. Le système judiciaire ne peut reconnaître ses erreurs qu'à partir du moment où il doute de l'exactitude de ses solutions. Mais alors, comment introniser cette culture du doute au coeur d'un système péchant par excès de confiance ?
En réalité, c'est à ce moment précis que les acteurs privés jouent un rôle essentiel. De fait, aux États-Unis, lorsque des condamnations injustes sont reconnues judiciairement comme telles, c'est souvent après qu'un cri d'alarme ait été poussé par un acteur privé savamment organisé. La justice américaine n'est pas totalement sourde à l'erreur judiciaire ; elle est seulement un peu dure d'oreille. Et certains acteurs privés font office, pour les innocents, de porte-voix.
Par acteurs privés, on désigne l'ensemble des organisations vivant de dons et de dotations publiques, dont l'objet est de lutter contre les condamnations injustes. Parmi ces organisations aux tailles et structures variables, il est impératif de recenser *Centurion Ministeries* (1983), pionnière en la matière, et bien sûr *Innocent Project* (1992), sans doute l'association la mieux implantée sur le territoire américain et dont l'action est la plus relayée par les médias.

Le rôle de ces acteurs privés est multiple. Constitués de professionnels (avocats ; détectives privés ; experts scientifiques ; ...), leur fonction principale est d'enquêter - souvent *pro bono* - sur des affaires ayant donné lieu à des condamnations définitives, dans l'espoir de découvrir l'élément nouveau permettant d'obtenir la révision du procès[34].

Ces acteurs privés ne sont toutefois pas les seules unités mobilisées dans ce combat contre l'erreur judiciaire. Des acteurs publics sont également affectés à cette lutte, bien que très récemment développés et inégalement répartis sur le territoire américain.
Au moins deux initiatives publiques méritent d'être citées. Premièrement, les structures originales appelées les « *Innocence Commissions* » se retrouvent dans 11 États[35]. Composées de juges, procureurs, avocats de victimes, avocats de la défense, policiers, professeurs d'Université, ou encore de membres de la société civile, elles ont pour mission d'étudier les cas d'erreurs judiciaires avérées, pour ensuite proposer des réformes de nature à diminuer le risque de leur survenance. À l'heure actuelle, elles incarnent

---

[34] En outre, ces acteurs privés remplissent un rôle moteur en matière de proposition de loi, par le truchement d'un lobbying intensif auprès des personnalités politiques, et de vastes campagnes de sensibilisation médiatique.

[35] M. K. Tate, « Commissioning Innocence and Restoring Confidence : The North Carolina Innocence Inquiry Commission and the Missing Deliberative Citizen », *Maine Law Review*, n° 64, 2012, p. 531 et s.

une importante force de proposition, légitimées par leur formation pluridisciplinaire. La *North Carolina Innocence Inquiry Commission* doit recevoir une mention spéciale, en ce qu'elle constitue un corps pluridisciplinaire assurant une mission d'enquête dans les affaires où existent des doutes sérieux quant à la culpabilité véritable du détenu[36].

Secondement, doivent être mentionnées les « *Convictions Integrity Units* », cellules mises en place par certains procureurs pour enquêter sur les demandes de détenus où se dessine un risque sérieux d'erreur judiciaire. Il s'agit d'une création relativement neuve, la première de ces unités ayant été constituées dans le comté de Dallas en 2007[37]. Bien que leur utilité ne soit plus à démontrer, le nombre de ces unités demeure très faible sur l'ensemble du territoire, peu de procureurs acceptant l'idée de voir leur échapper le monopole du traitement des affaires.

Les acteurs de la découverte de l'erreur judiciaire sont maintenant présentés ; reste à déterminer leurs modes opératoires.

B. Les outils de la découverte

Le 3 avril 2015, Anthony Ray Hinton est devenu la 152e personne condamnée à mort à être innocentée aux États-Unis depuis 1973. Plongé dans le couloir de la mort pour un double meurtre qu'il n'avait pas commis, à l'issue d'une procédure mêlant malhonnêteté des témoins et préjugés raciaux du procureur, il n'a pu être extirpé des griffes de la justice qu'après une enquête de longue haleine menée par l'association privée *Equal Justice Initiative*. Au prix d'une investigation trentenaire, cette dernière est parvenue à démontrer que la prétendue arme du crime ne pouvait techniquement l'être, conduisant un juge à décider l'abandon des charges à l'encontre d'Hinton[38].

Cette affaire, fortement médiatisée, est parfaitement révélatrice des trois problématiques principales liées à l'erreur judiciaire : la souffrance subie par l'innocent ; l'obstination de la justice pénale dans son erreur ; et la difficulté pour la personne injustement condamnée d'exhumer la preuve de

---

[36] *Ibid.* — J. M. Maiatico, « All Eyes On Us : A Comparative Critique of the North Carolina Innocence Inquiry Commission », *Duke Law Journal*, n° 56, 2007, p. 1345 et s.

[37] M. Ware, « Dallas County Conviction Integrity Unit and the Importance of Getting It Right the First Time », *New York Law School Law Review*, n° 56, 2012, p. 1033 et s.

[38] Un résumé de l'affaire « *Hinton* » est présenté sur le site de l'association *Equal Justice Initiative* : http://www.eji.org/deathpenalty/innocence/hinton

son innocence réelle. C'est la dernière problématique qui retiendra notre intention.

Comme on l'a dit, le matin de la démonstration de l'innocence commence par un cri : celui poussé, du fond de sa cellule, par l'innocent lui-même. Son cri est entendu par l'un des acteurs susmentionnés, dont la première tâche, extrêmement délicate, est de séparer les demandes qu'il traitera de celles qu'il ne traitera pas. Pour fonder ce choix, une grille de critères objectifs est établie, sensiblement variable d'un acteur à l'autre. Par exemple, l'association *North California Innocence Project*[39], implantée à Santa Clara, procède de la manière suivante : après qu'un détenu (ou son conseil) ait pris contact avec elle pour solliciter son assistance, l'association lui adresse un questionnaire qui, une fois rempli, lui permettra de mieux comprendre le contexte de l'affaire. Les questions posées sont nombreuses : à quelle peine le plaignant a-t-il été condamné ? Invoque-t-il une innocence réelle, ou simplement une violation des principes procéduraux ? Des témoins ont-ils été négligés au cours du procès ? Des analyses ADN ont-elles été pratiquées, et dans la négative, de telles analyses pourraient-elles être fécondes pour la démonstration de l'innocence ?
Ces questions sont autant de critères permettant à l'organisation californienne de se prononcer sur l'opportunité de donner suite à telle ou telle sollicitation. Les réponses aux questionnaires sont analysées par des étudiants, et l'affaire transmise aux équipes d'enquête si les critères préétablis sont remplis.

Une fois passé ce filtre de sélection des affaires à traiter, arrive le temps des investigations. C'est la phase, cruciale, qui peut permettre au sort de l'innocent de basculer. Il est alors indispensable que les acteurs de la découverte de l'erreur judiciaire bénéficient d'une certaine latitude pour mettre en oeuvre les investigations utiles. À ce titre, on ne saurait que trop souligner la marge de manoeuvre importante dont jouissent les acteurs privés en termes d'enquête, en tout cas si on compare leur situation à celle de leurs homologues français. Aux États-Unis, les associations comme *North Carolina Innocence Project* comptent dans leurs rangs de véritables enquêteurs. Il peut s'agir de détectives privés, d'avocats, voire d'étudiants - si les conditions de sécurité sont réunies. Leur travail d'enquête se décompose globalement en deux activités : la récolte de témoignages sur le terrain, et le recueil d'indices matériels.

---

[39] Nous tenons à remercier les représentants de *North Carolina Innocence Project*, en particulier Maitreya Badami, pour leur accueil et leur disponibilité. Les informations, exposées ci-après, découlent de l'observation du travail mené par cette organisation, en interne et sur le terrain.

Concernant les témoignages recueillis par ces enquêteurs privés, il faut reconnaître la plus grande tolérance qui s'exprime outre-Atlantique par rapport au modèle français où, en pratique, l'avocat à l'affût de témoignages est fortement suspecté de se livrer à des faits de subornation de témoin[40]. Ce problème ne se pose guère en ces termes aux États-Unis, à condition toutefois que les enquêteurs chargés de recueillir les déclarations respectent un code de conduite strict, destiné à sécuriser la valeur probatoire des déclarations. C'est pourquoi l'association *North Carolina Innocence Project* impose à ses enquêteurs de ne jamais dissimuler leur identité et le but de leur démarche : la transparence des questions renforce la crédibilité des réponses.

La seconde part de l'activité d'enquête concerne, comme on l'a dit, la récolte d'indices matériels. Sur ce point, il est impératif de souligner que le législateur américain (aussi bien au plan fédéral qu'étatique) a oeuvré pour que les enquêteurs *post-conviction* ne soient pas injustement privés d'une moisson de preuves utiles à la démonstration de l'innocence réelle. En ce sens, de nombreuses lois ont été adoptées, depuis une vingtaine d'années, pour instaurer une véritable conservation des scellés, englobant de plus en plus d'objets pour une durée de plus en plus longue[41]. L'investissement des acteurs publics et privés, associé à une meilleure conservation des scellés, débouche parfois sur la découverte d'éléments de preuve de nature à disculper la personne détenue.

Cependant, découvrir l'erreur n'est pas suffisant. Encore faut-il qu'existent des remèdes pour la corriger, c'est-à-dire des procédures permettant d'en tirer toutes les conséquences. La reconnaissance de ses erreurs étant, pour beaucoup, un morceau de bravoure, elle l'est particulièrement pour le système judiciaire américain, ayant assis la légitimité de sa procédure en partie sur l'illusion de sa perfection. Sur ce thème de la reconnaissance de l'erreur judiciaire aux États-Unis, on se permettra une nouvelle fois de renvoyer à nos travaux sur la question[42], tout en gardant en mémoire la fameuse maxime de Saint Augustin : *errare humanum est, perseverare diabolicum…*

---

[40] F. Saint-Pierre, « Investigations privées en défense : questions de méthode et difficultés de pratique », *AJ pénal*, 2009, p. 433.

[41] V. pour un panorama de la législation en la matière et des réformes en cours: http://victimsofcrime.org/our-programs/dna-resource-center/untested-sexual-assault-kits/sexual-assault-kit-backlog-laws/evidence-retention-resources (dernière visite: 15 avril 2015).

[42] B. Fiorini, « Les voies de recours contre les condamnations injustes aux Etats-Unis », *op. cit.*, n° XXV, PUAM, 2014, p. 109 et s.

L'erreur judiciaire en Afrique Subsaharienne

Arnaud-Frédéric HOUEDJISSIN

Aucune justice n'est parfaite, dit-on, celle d'Afrique subsaharienne ne fait pas exception. Car, « *L'homme le plus honnête, le plus respecté, peut être un jour victime de la justice. Vous êtes bon père, bon époux, bon citoyen, et marchez la tête haute. Vous pensez que vous n'aurez jamais aucun compte à rendre aux magistrats de votre pays. Quelle fatalité pourrait un jour vous faire passer pour un malhonnête homme, voire un criminel ? Cette fatalité existe, elle porte un nom : l'erreur judiciaire* »[43]. L'erreur judiciaire, l'opinion publique en reste marquée par des exemples en France et ailleurs : de l'affaire *Dreyfus* à l'affaire *Outreau*, en passant par l'affaire *Calas*, *Azzimani* et *El Jabri*, celle du *courrier de Lyon*, *Wilfrid Regnaud*, *Dominici*, *Patrick Dils* et *Marc Machin*. Et l'on ne saurait oublier ces retentissants procès[44]. L'erreur peut exister, dès lors qu'il y a une justice, celle des hommes. *Errare humanum est* ! comme pour nous en rappeler l'évidence. Mais qu'entendre par « erreur » ?

Du latin « *error* », l'erreur, à l'inverse du mensonge qui consiste à affirmer ce que l'on sait pertinemment être inexact, est « *l'affirmation de ce que l'on croit sincèrement être conforme à la réalité et qui ne le serait pas* »[45]. C'est « un acte de l'esprit, un fait de l'homme qui tient pour vrai ce qui est faux et ce qui est faux pour vrai »[46]. L'esprit y joue un rôle actif[47]. L'erreur « *repose entièrement sur la volonté, et le libre-arbitre, qui nous détourne des représentations de notre entendement (...), nous conduit*

---

43 FLORIOT (R.), *Les erreurs judiciaires*, Flammarion, Paris, 1968, p. 5, cité par Moktar ADAMOU, *Les erreurs judiciaires en matière criminelle : contribution à une réforme de la justice criminelle au Bénin et en France*, Thèse, Université de Bourgogne, 2009, p. 1.

44 Après un procès jugé inéquitable, le Parlement de Toulouse en 1761, fit passer Calas, considéré comme un martyr, sur la roue, pour avoir étranglé son fils. ALLIER (R.), Voltaire et Calas, une erreur judiciaire au XVIIIe siècle, Paris, 1898 ; L'affaire Calas, Poche-club, 1963 ; VOLTAIRE, *Œuvres complètes*, t. XLII, p. 75 ; PIN (X.), « L'erreur judiciaire en matière pénale », Avant-propos, in PUAM *Les nouveaux Problèmes Actuels de Sciences Criminelles*, Aix-Marseille Université, 2014, p. 15.

45 DE VALICOURT (E.), *L'erreur judiciaire*, coll. Logiques Juridiques, L'Harmattan, Paris, 2005, p. 18.

46 ADAMOU (M.), *Les erreurs judiciaires en matière criminelle : contribution à une réforme de la justice criminelle au Bénin et en France*, Thèse, Université de Bourgogne, 2009, p. 14.

47 DE VALICOURT (E.), *op. cit.*, p. 18.

à adhérer à des représentations imaginaires que l'entendement récuse et qui ne correspondent pas à ses représentations intrinsèques… »[48]. Juridiquement, l'erreur peut se définir comme erreur de « fait, qui, commise par une juridiction de jugement dans son appréciation de la culpabilité d'une personne poursuivie peut, si elle a entrainé une condamnation définitive, être réparée, sous certaines conditions, au moyen d'un pourvoi en révision » (article 622, code de procédure pénale)[49]. Pour Denis SALAS, l'erreur judiciaire fait partie de ces expressions qui ont une sémantique qui échappe au vocabulaire juridique[50]. Et, pourtant, il convient de convenir avec Raymond GUILLIEN et Jean VINCENT[51] que c'est une erreur commise par les magistrats, faussant leur décision qui est susceptible d'ouvrir une voie de recours. Commise par la justice, l'erreur est tout aussi « *généralement révélée et corrigée par cette même justice* »[52]. Il s'agit là d'un véritable paradoxe, marqueur d'une justice « *qui dysfonctionne autant qu'elle fonctionne* »[53]. Aucune justice n'est parfaite et la décision parfaite n'existe pas[54] prennent, de ce point de vue, tout leur sens. « *Intolérable anomalie* »[55], l'erreur judiciaire hante l'histoire de la justice[56]. L'institution judiciaire ne peut y échapper car toutes les décisions rendues ne sont pas justes d'autant plus que la vérité des faits est autre que celle à laquelle on croyait[57].

D'un point de vue historique, il convient de rappeler que dans le cadre de la présente étude, l'erreur judiciaire est circonscrite aux juridictions des Etats de l'Afrique subsaharienne. Des États qui présentent la caractéristique d'avoir accédé, pour la plupart, à la démocratie suite à une transition démocratique qui leur a permis de se doter de nouveaux instruments

---

48 TRIGEAUD (J-M.), *L'homme coupable*, Brière, Bordeaux, 1999, p. 74.

49 V.aussi, G. CORNU, *Vocabulaire juridique*, Association Henri Capitant, PUF, 7e éd., 2005. V° « Erreur judiciaire ».

50 SALAS (D.), « Le nouvel âge de l'erreur judiciaire », Rev. fr. adm. publ., n° 125, 2008, p. 170.

51 GUILLIEN (R.) et VINCENT (J.) (s. l. dir.), *Lexique des termes juridiques*, Dalloz, 16e éd., Paris, 2007, p. 282.

52 *Idem.*

53 *Ibidem.*

54 SOURZAT (C.) et CORROYER (J.), « L'indice », in *Les nouveaux Problèmes Actuels de Sciences Criminelles*, PUAM, Aix-Marseille Université, 2014, p. 35.

55 ADAMOU (M.), *Les erreurs judiciaires en matière criminelle : contribution à une réforme de la justice criminelle au Bénin et en France*, Thèse, Université de Bourgogne, 2009, p. 27.

56 PIN (X.), « L'erreur judiciaire en matière pénale », *op. cit.*, p. 15.

57 KUREK (C.), « Les enjeux de l'expertise » in *Les nouveaux Problèmes Actuels de Sciences Criminelles*, *op. cit.*, p. 35.

juridiques fondamentaux, c'est-à-dire les « Constitutions »[58]. Dans ces instruments, on retrouve des principes chers à la démocratie comme la séparation des pouvoirs et l'indépendance du pouvoir judiciaire vis-à-vis de l'exécutif et du législatif[59]. La volonté d'éviter des intrusions susceptibles de conduire au détournement, à la falsification de la vérité justifie le principe de la séparation qui établit la non-ingérence, la non-immixtion dans l'activité juridictionnelle du juge judiciaire notamment. Les relations des pouvoirs judiciaire et exécutif s'analysent en droit béninois, comme le respect des règles dont l'objet est de garantir l'indépendance du juge face à la puissance du gouvernement. Le juge dans son office de service public a fait l'option de l'indépendance qui génère l'impartialité comme vertu. Ce qui suppose qu'il ne prête pas flanc aux pressions ni aux influences d'où qu'elles viennent. La vertu de l'impartialité le préserve des risques d'erreurs.

Une recherche sur la notion d'erreur judiciaire dans les systèmes de droit africains en général, n'est pas chose aisée. Tel Diogène cherchant l'homme en plein jour avec une lanterne, trouver l'erreur judiciaire en Afrique est une entreprise vouée à l'échec, malgré l'évidence. En elle-même, la notion d'erreur judiciaire est déjà difficilement ancrée dans la littérature judiciaire africaine. Le code de procédure pénale du Bénin[60] par exemple, reste silencieux quant à cette expression. Et il est vain de le chercher dans celui du Togo qui ne l'évoque guère[61]. Il n'existe quasiment pas de la documentation en la matière. On ne parle pratiquement pas d'erreur judiciaire en Afrique subsaharienne. Car, l'erreur judiciaire, pense-t-on, est un « *révélateur de tensions et de conflits souvent inavoués* »[62]. Ce vide et l'absence de documentation ne peuvent cependant amener à dire que la notion n'existe pas. Aboutir à cette conclusion étonnerait plus d'un. D'où l'importance du sujet qui permet de combler le vide profond par la rupture du silence qui entoure la notion. Surtout dans un contexte africain réticent aux réformes, à l'opposé du contexte européen empreint à une inflation législative[63].

---

[58] Par exemple, la Constitution de la République du Bénin du 11 décembre 1990 revêt un caractère fondamental en ce qu'il regroupe l'ensemble des textes qui fondent notre État, et qui s'imposent à tous, même au législateur et au juge.

[59] « Le Pouvoir Judiciaire est indépendant du Pouvoir Législatif et du Pouvoir Exécutif » (art. 125, Constitution de la République du Bénin). En son article 127, la « Loi Suprême » du Bénin fait du Président de la République le « garant de l'indépendance de la justice ».

[60] Loi n° 2012-15 portant code de procédure pénale en République du Bénin.

[61] Loi n° 83-1 instituant code de procédure pénale en République Togolaise.

[62] ADAMOU (M.), op. cit., p. 28.

[63] NITSCH (N.), « L'inflation juridique et ses conséquences », Archives de philosophie du droit, Sirey, t. 27, 1982, p. 161 et s. (536 p.).

Si le juge peut se tromper dans l'interprétation de la norme juridique, il est souvent confronté dans les systèmes africains, à des textes dépassés, datant de l'époque coloniale en raison des rares réformes législatives notées dans ces États. S'il est aussi démontré que dans toute approche du concept, des préoccupations évidentes comme la cause et la réparation des erreurs judiciaires se remarquent, le cas des États d'Afrique présente une problématique encore plus originale. Il s'agit essentiellement de la possibilité d'erreur dans l'activité de la justice. En effet, s'il est possible de faire l'inventaire des grandes affaires d'erreur judiciaire en France par exemple, il est plus qu'un défi de pouvoir citer le moindre cas officiel et connu d'erreur judiciaire en Afrique. Une telle constatation conduit à transposer au plan africain, la même interrogation que celle posée sous d'autres cieux[64], quant à la conformité des décisions judiciaires aux faits pour manifester la vérité. Cette question délicate qu'il convient de résoudre dans le présent sujet n'est pas sans intérêt dans le contexte africain. Bien au contraire, elle est réelle. Pour cette raison, l'étude de l'erreur judiciaire dans l'espace subsaharien africain doit nécessairement prendre appui sur une analyse empirique des réalités inhérentes à la justice africaine. Le droit n'étant pas en dehors des considérations factuelles. Ce choix pragmatique fondé sur l'observation, faut-il le signaler, n'a pas pu être exhaustif. Ce travail aura ainsi l'intérêt de relever les manifestations insidieuses de l'erreur judiciaire et les réponses apportées pour le traitement des cas d'erreurs.

Fort de cela, il convient d'examiner dans un premier temps, le caractère paradoxal de l'existence de l'erreur judiciaire en Afrique subsaharienne ; et dans un second temps, l'originalité dans le traitement de l'erreur judiciaire.

I. L'erreur judiciaire en Afrique subsaharienne : une existence paradoxale

Si en droit français comme dans bien d'autres systèmes juridiques européens, l'évidence de l'erreur judiciaire n'est plus à démontrer, une telle évidence, par l'exemple, fait défaut en droit africain. Affirmer que l'erreur judiciaire existe en Afrique relève d'un véritable paradoxe. Car, aussi étrange et intriguant que cela puisse paraitre, de nombreuses dérives

---

[64] Les systèmes européen et américain par exemple, voir THELLIER DE PONCHEVILLE (B.) et ROY (A.), « Le réexamen d'une décision pénale consécutif au prononcé d'un arrêt de la CEDH », in PUAM Les nouveaux Problèmes Actuels de Sciences Criminelles, Aix-Marseille Université, 2014, p. 93 ; FIORINI (B.), « Les voies de recours contre les condamnations injustes aux Etats-Unis », in *Les nouveaux Problèmes Actuels de Sciences Criminelles*, PUAM, Aix-Marseille Université, 2014, p. 109.

favorisent l'erreur judiciaire dans les prétoires africains **(B)**. Même si étrangement aucun cas d'erreur n'est officiellement reconnu et su de tous. Ces dérives viennent renforcer les indices, manifestations réelles d'erreurs judiciaires que les acteurs de la justice ont du mal à avouer ou avouent sous boisseau **(A)**.

A. L'inavoué de l'erreur judiciaire : les indices

On ne peut parler d'erreur judiciaire dans les États d'Afrique comme si on était en France. En France, les cas d'erreurs judiciaires sont retentissants et n'échappent à personne. De l'affaire CALAS[65] à l'affaire du courrier de Lyon en passant par l'affaire MARTIN[66], l'on pouvait parler d'un *chiffre noir des erreurs judiciaires*[67] en France. Mais dans les États d'Afrique subsaharienne, la situation est toute autre. Il n'y a pas d'études importantes sur le problème et on observe une forme de réticence des magistrats à aborder la question. Ainsi, parler d'erreur judiciaire serait de la pure provocation, même si des indices permettent de la présager. Et même si l'on ne peut douter de son existence, l'on ne se livrerait qu'à de la pure spéculation dans la mesure où il n'existe pas de cas avéré connu et reconnu comme tel, et qu'il n'existe par ailleurs aucune *évaluation des erreurs judiciaires*[68] en Afrique subsaharienne.

D'ailleurs, l'absence de la notion d'erreur judiciaire dans les codes de procédure pénale africains est révélatrice du peu d'intérêt accordé à la notion. On semble ne pas la nommer mais on est convaincu de son existence. C'est une notion présumée. L'organisation de la justice est déjà révélatrice de sa présence. S'il existe une hiérarchie entre les juridictions, que des juges en appel ont été institués, c'est bien la preuve qu'il est admis que les premiers juges peuvent se tromper dans l'application des règles de droit et qu'il faille recourir à une juridiction supérieure.

Pierre GUIHO[69] appréhende la notion comme une erreur de fait qui conduit à la condamnation définitive d'un innocent. À lire la définition, c'est à penser que l'on ne parle d'erreur judiciaire que lorsqu'une juridiction supérieure se trompe dans l'appréciation d'une affaire. Cette conception n'est pas erronée dans la mesure où tant qu'une décision judiciaire n'est pas

---

[65] VERGES (J.), *Les erreurs judiciaires*, PUF, Paris, 2002, pp. 7-10.
[66] PIANT (H.), « VOLTAIRE et l'étrange affaire Martin : erreur du juge ou erreur de philosophie », in Benoît GARNOT, *L'erreur judiciaire : de Jeanne d'Arc à Roland AGRET*, Imago, Paris, 2004, p. 139.
[67] *Ibid.* p. 245.
[68] ADAMOU (M.), *op. cit.*, p. 14.
[69] GUIHO (P.), *Dictionnaire juridique*, Hermès, 1re éd., Paris, 1996, p. 147.

souverainement et définitivement prononcée, l'on ne peut affirmer que la justice s'est trompée, et qu'il y aurait erreur judiciaire. Partant de là, une condamnation prononcée en première instance, ne peut juridiquement être qualifiée d'erreur judiciaire. Il s'agit sans nul doute d'un dysfonctionnement judiciaire. Mais il convient alors de préciser que si l'erreur judiciaire est un dysfonctionnement judiciaire, tout dysfonctionnement judiciaire ne saurait, en revanche, être appréhendé comme une erreur judiciaire. Au Bénin, l'affaire de la « tentative d'assassinat par empoisonnement »[70] du chef de l'État illustre à suffisance ce type de dysfonctionnement. En effet, suite à l'arrestation de présumés responsables d'une atteinte à la vie du chef de l'État, le juge d'instruction a conclu, par ordonnance, à un non lieu[71]. Confirmant cette ordonnance de non-lieu, la Chambre d'accusation de la Cour d'appel de Cotonou a ordonné la mise en liberté des quatre personnes impliquées[72]. La Chambre judiciaire de la Cour suprême saisie, remet en cause les précédentes décisions[73].

En cassant les arrêts rendus par la Chambre d'accusation de la Cour d'appel de Cotonou, la Cour Suprême a estimé que les juridictions d'instruction ont visé, dans les deux décisions, l'ancien code de procédure pénale[74] qui n'est plus en vigueur au Bénin. Ce faisant, pourra-t-on avancer qu'il y a erreur judiciaire, corrigée par la Chambre judiciaire de la Cour suprême ? Une telle position parait difficilement soutenable. Les juges sont souverains dans l'interprétation des faits d'une affaire et statuent sans nul doute en fonction de leur intime conviction. Affirmer l'existence en l'espèce

---

[70] Cour suprême, Arrêt n° 2013-26/CJ-P du greffe, *Affaire Le procureur général près la cour d'appel de Cotonou, Boni YAYI c/ Moudjaïdou SOUMANOU, Ibrahim MAMA CISSE, Zoubérath KORA et Sika Bachirou ADJANI*, 2 mai 2014.

[71] Suite à la clôture de l'information judiciaire, le juge d'instruction du sixième cabinet du tribunal de première instance de première classe de Cotonou a rendu le 17 mai 2013 une ordonnance de non-lieu général. V. Cour suprême, Arrêt n° 2013-26/CJ-P du greffe, *op. cit.*

[72] Chambre d'accusation, Cour d'appel de Cotonou, Arrêt n° 108, *Affaire Le procureur général près la cour d'appel de Cotonou, Boni YAYI c/ Moudjaïdou SOUMANOU, Ibrahim MAMA CISSE, Zoubérath KORA et Sika Bachirou ADJANI*, 1er juillet 2013.

[73] *Acte n° 007* du 1er juillet 2013 élevant pourvoi en cassation contre l'arrêt n° 108 de la cour d'appel de Cotonou. V. Cour suprême, Arrêt n° 2013-26/CJ-P du greffe, *op. cit.*

[74] « Attendu en effet, que les articles 176, 177, 189 et 193 de l'ordonnance n° 25/PR/M.J.L. du 7 août 1967 portant ancien code de procédure pénale visés dans le dispositif de l'arrêt déféré et qui ont servi de fondement juridique à la procédure suivie jusqu'à la reddition de l'arrêt attaqué ont été abrogés par la loi n° 2012-15 du 18 mars 2013 portant code de procédure pénale en République du Bénin.

d'une erreur judiciaire, reviendrait à dire que tout jugement réformé en appel est porteur d'une erreur judiciaire, ou que toutes les décisions de justice font montre d'une erreur judiciaire chaque fois qu'une voie de recours est exercée contre elle. L'organisation judiciaire et le double degré de juridiction n'auraient plus leur sens. La justice ne se trompe que lorsque la décision rendue est devenue définitive. Par conséquent, on parlerait d'erreur judiciaire si la Chambre judiciaire de la Cour suprême du Bénin s'était aussi trompée et que par l'exercice d'un recours en révision, les personnes innocemment condamnées sont réhabilitées en raison de l'apparition de « fait nouveau »[75]. Doit aussi être rangée dans la catégorie des nombreuses affaires de dysfonctionnement de la justice, et non pas dans la catégorie des erreurs judiciaires, l'affaire « d'attentat à la sûreté de l'État »[76]. Le même chef de l'État, le docteur Thomas Boni YAYI.

En somme, « *lorsqu'un juge punit un innocent, acquitte un coupable ou encore lui inflige une peine inadaptée, il commet une erreur judiciaire à condition que cette peine soit devenue définitive* »[77]. Une erreur judiciaire est alors une décision définitive rendue en matière répressive, en conséquence de laquelle, à la suite d'une ou plusieurs défaillances, qui ne sont pas forcément judiciaires, un innocent a été condamné ou un coupable acquitté ; condamnation ou acquittement avouée par la justice elle-même.

Aucune affaire officielle certes d'erreur judiciaire n'est décelée, mais ceci n'est point normal puisque le système judiciaire et juridique africain est faillible et perméable à de nombreux cas de dérives.

B. L'omniprésence des dérives judiciaires : les failles

Nul n'est infaillible. Il existe plusieurs dysfonctionnements de l'institution judiciaire et d'importants facteurs capables de générer, à plus d'un titre, d'innombrables erreurs judiciaires. Ces indices laissent présager les cas de dérives judiciaires pourtant pas officiellement reconnus.

D'abord le cadre juridique africain est souvent inadapté, et son interprétation par les juges ne peut que conduire vers des hypothèses de dérives judiciaires. Comment ne pas relever des cas d'erreurs judiciaires

---

[75] BAVITOT (A.), « Le fait nouveau en matière de révision », *in Les nouveaux Problèmes Actuels de Sciences Criminelles*, PUAM *op. cit.*, p. 79.

[76] Cour suprême, Arrêt n° 2013-27/CJ-P du greffe, *Affaire Le procureur général près la cour d'appel de Cotonou, Boni YAYI c/ Pamphile Claude ZOMAHOUN et Johannès Albert DAGNON*, 2 mai 2014.

[77] MAGENDIE (J-C.), *L'erreur judiciaire et sa réparation*, cité par Moktar ADAMOU, *op. cit.*, p. 19.

alors que la justice ignore parfois la loi. L'immobilisme du législateur ne peut ne pas conduire vers des erreurs judiciaires en Afrique. Par ailleurs, peut-on affirmer qu'il n'existe pas d'erreur judiciaire dans un contexte africain où l'institution judiciaire est peu efficace en raison de l'absence de moyens ? Assurément non. Une réponse positive serait douteuse. « *La justice est lente à rendre ses jugements parce qu'elle manque de magistrats, de greffiers, de traducteurs, de moyens matériels tels que la bureautique et l'informatique, qu'elle vit dans des locaux vétustes et inadaptés et que ses personnels n'ont guère été formés aux techniques de la gestion* »[78]. Coincés entre *« l'inflation de la demande et l'indigence des moyens »*[79], les magistrats ne sont pas dans des situations ou contextes favorables à la manifestation de la vérité judiciaire. Le manque de moyens matériels sous toutes ses formes existe[80]. Et pourtant aucun cas avéré d'erreur judiciaire n'est officiellement décelé alors que cette défaillance est de nature à contribuer à la lenteur et à la mauvaise qualité des décisions judiciaires. Au Burkina Faso par exemple, il est arrivé qu'une année entière s'écoule entre le prononcé d'un jugement et sa rédaction effective[81].

Les doutes sur l'absence d'erreur judiciaire en Afrique se renforcent quand on sait que la professionnalisation des magistrats en Afrique est limitée et que des dysfonctionnements structurels et juridiques s'observent. En premier lieu, l'on ne peut nier l'existence de l'erreur judiciaire quand on sait que les magistrats n'ont pas une formation professionnelle adéquate. Il n'y a pas en Afrique, une formation spécifique aux sciences criminelles, surtout lorsqu'on sait que c'est la matière dans laquelle, les préjudices causés par erreur sont quasiment irréparables. Le droit pénal moderne africain n'existe pas[82]. Et, « *les quelques rares, et exceptionnelles, tentatives de compilations qui sont faites n'ont jamais pris en compte l'aspiration pénale profonde des peuples africains ; de sorte que l'étudiant africain ne comprend souvent pas ce déphasage, et accepte mal un droit pénal naturalisé* »[83]. Le déphasage s'accentue, se creuse et ne peut facilement se combler dans la mesure où le recrutement des magistrats africains est

---

[78] DEVEDJIAN (P.), *Le temps des juges*, Flammarion, Paris, 1996, p. 25.

[79] KRIEGEL (B.), *Réflexion sur la justice*, Plon, Paris, 2001, p. 164.

[80] ADAMOU (M.), *op. cit.*, p. 21.

[81] SAWADOGO (F. M.), « L'accès à la justice en Afrique francophone : problèmes et perspectives. Le cas du Burkina Faso », *in* AUPELF-UREF, *L'effectivité des droits fondamentaux dans les pays de la communauté francophone*, colloque international de Port Louis, 29, 30 sept. et 1er oct. 1993, p. 302.

[82] ADAMOU (M.), *op. cit.*, p. 36.

[83] DEGNI-SEGUI (R.), « L'accès à la justice et ses obstacles », *in* AUPELF-UREF, *L'effectivité des droits fondamentaux dans les pays de la communauté francophone, op. cit.*, p. 242.

souvent fondé sur la détention de grandes compétences scolaires. N'oublions pas en effet, que le concours est la voie essentielle d'accès à la magistrature. La plupart des candidats y accèdent après leur réussite au concours suivie d'une formation professionnelle dispensée par une école de magistrature. Bien que pour certains auteurs, et probablement sous d'autres cieux, l'école de formation des magistrats est « *le souffle rajeunissant du service public* »[84]. Il n'en demeure pas moins que les écoles de magistrature subissent en Afrique une profonde crise de légitimité. Ces écoles sont au milieu de deux conceptions ou logiques contradictoires d'enseignement. Doivent-elles préparer sur le plan technique les juges ou servir de cadre d'ouverture de leur esprit pour bien s'intégrer dans leur époque ? Cette double perspective existe bien souvent et se pose à chaque manifestation de l'erreur judiciaire. Dans un second temps, des dysfonctionnements structurels et juridiques existent. D'un point de vue structurel, les juges africains travaillent sous le poids de *tonnes de dossiers.* La justice africaine semble être une justice de masse. Déjà que la faible couverture judiciaire n'était pas propice à la reddition d'une décision juste, les risques d'injustices se renforcent face à la montée continue et régulière du nombre des affaires à juger. L'encombrement des juridictions africaines ne suffit plus à absorber l'accroissement des contentieux qui se poursuivent à un rythme incontrôlable. D'un point de vue juridique, les législations africaines sont porteuses dans leurs germes de deux instruments (la détention provisoire et les jurés d'assises) qui demeurent une porte ouverte à l'erreur judiciaire. Et il est étonnant malgré la présence et l'importance de ces deux institutions, de ne déceler aucun cas avéré de dérive judiciaire. La détention provisoire est source de dérives judiciaires dans la mesure où elle fait peser sur le suspect une forte présomption de culpabilité ; ce qui n'est pas sans risques puisqu'elle augmente les risques de condamnation. Quant à la composition des jurys d'assises, il convient de relever que l'association de profanes n'est pas sans influence sur le rendu des décisions de justice. Le problème ethnique est spécifique à l'Afrique et constitue une entrave à l'unité nationale. « *Il est certain qu'un jury composé majoritairement d'hommes d'une région, hostiles à une autre, sera plus sévère pour un crime commis par un individu qui n'est pas de la leur sur un des leurs, et plus clément sur un des leurs qui aurait fait le phénomène inverse, et vice versa. Ce qui constitue un danger dans le procès où il s'agit de statuer et de décider du sort d'un membre de la société qui aurait ou non commis un crime* »[85].

---

[84] CADIET (L.), *Découvrir la justice*, D., Paris, 1997, p. 178.
[85] ADAMOU (M.), *op. cit.*, p. 132.

En outre, relevons qu'il est admis que pour éviter les erreurs judiciaires, qu'il convient de proposer à l'audience des dossiers bien étoffés, grâce à des preuves les plus objectives possible[86]. Mais ce n'est pas évident car les indices peuvent avoir été truqués et la preuve indiciaire a aussi un aspect subjectif, puisque les faits doivent être interprétés. En effet, il peut y avoir des mauvaises analyses, de faux aveux, donc une erreur sur l'indice. La part de subjectivité des indices a une influence sur la vérité judiciaire. L'indice n'est indice que parce qu'il indique, ce qui suppose un raisonnement du juge[87]. L'indice ne se suffit pas à lui-même, il nécessite l'intervention de l'interprète[88]. L'indice ne peut être pensé en dehors de son cadre d'interprétation et la subjectivité lui est intrinsèque[89].

Enfin, la consécration et le poids des expertises dans l'instruction des affaires ne sont pas sans incidence sur la manifestation de la vérité judiciaire. En effet, « *nombreuses sont les erreurs judiciaires dans lesquelles les expertises ont été mises en cause, et notamment leur fiabilité. Mais aussi compétent soit-il, l'expert peut se retrouver confronté aux incertitudes de la science, grande maitresse de la vérité tant idéalisée* »[90]. Et pourtant l'expertise judiciaire est un outil de prévention des erreurs judiciaires. Mais ce n'est pas le seul moyen de prévention ou de traitement de la notion.

II. L'erreur judiciaire en Afrique subsaharienne : un traitement implicite

Conscients que la justice des hommes n'est pas infaillible, la plupart des systèmes de droit africains admettent des cas stricts d'ouverture à révision de condamnations définitives dans leurs codes de procédure pénale. La procédure pénale institue des moyens théoriques spécifiques au réexamen des condamnations implicitement des erreurs judiciaires **(A)**. Mais à y voir de près, ce droit à réexamen reste illusoire puisque la mise en œuvre est pratiquement impossible étant donné que nombre d'États africains n'ont pas institué le droit d'appel en matière criminelle. Il faudra attendre un hypothétique « fait nouveau » qui viendrait à se produire pour que le dossier soit réouvert. Alors même que la plupart des systèmes juridiques africains n'ont pas conçu des techniques de conservation des preuves. Aussi, l'appel ou la collégialité, censés écarter les dérives ou réduire les risques d'erreurs judiciaires restent exclus ou insuffisamment ancrés dans le droit africain. Ces mécanismes de prévention institués pour écarter le plus possible les

---

86 SOURZAT (C.) et CORROYER (J.), *op. cit.*, p. 16.
87 *Idem*, p. 19.
88 *Idem*, p. 21.
89 *Idem*, p. 19.
90 KUREK (C.), *op. cit.*, p. 35.

erreurs, présentent leur originalité quoique décevante car perfectible. Cela étant, une réorientation des moyens de protection contre l'erreur judiciaire s'avère nécessaire **(B)**.

A. Le réexamen possible de l'erreur judiciaire

Il peut arriver que sur la base d'une erreur de fait, une décision définitive de condamnation ait été rendue. Ce que cela implique, tout le monde le sait : un innocent sera privé de sa liberté ou paiera de sa vie un crime qu'il n'a pas commis. Dès lors, prouver l'innocence de personnes injustement condamnées devient un combat et « *des hommes de conscience se dévouent de plus en plus obstinément, jusqu'à ce que justice soit faite* »[91]. Le droit africain[92] en a pleinement conscience. Et pourtant, aucun code de procédure pénale n'évoque expressément le terme « erreur judiciaire ». Pour déduire qu'il s'agit des conditions pouvant permettre de traiter une erreur judiciaire, il faut se porter au titre relatif aux demandes de révision dans les codes de procédure pénale. La révision, mode de correction, est autorisée dans tous les systèmes juridiques africains, pour réparer les conséquences fâcheuses de l'erreur judiciaire. Ce qui n'est pas sans conséquence sur le principe de l'autorité de la chose jugée qui protège toute décision de justice devenue définitive. Pour autant, la demande en révision implique une décision pénale définitive et son exercice reste subordonné à des conditions strictes énoncées par le législateur. Ainsi, les codes énoncent les cas dans lesquels cette possibilité est offerte aux demandeurs. En droit pénal togolais par exemple, la procédure de révision est codifiée aux articles 408 et suivants du Code de Procédure pénale, au bénéfice d'une personne définitivement condamnée en matière criminelle ou correctionnelle. Il existe quatre cas d'ouverture à révision : 1- l'existence de la prétendue victime d'homicide[93], 2- des décisions de condamnation contradictoires pour le même fait[94], 3- le faux témoignage[95], 4- fait révélé ou pièce inconnue[96].

---

[91] Emile ZOLA, *Lettre à la jeunesse*, 1897.

[92] L'auteur écrit « droit africain » uniquement par souci de simplification et conscient qu'il est qu'un fond commun aux systèmes juridiques africains subsahariens demeure.

[93] « *Lorsque, après une condamnation pour homicide, des pièces sont représentées susceptibles de constituer des indices suffisants sur l'existence de la prétendue victime de l'homicide* » (art. 408, 1°, CPP togolais).

[94] « *Lorsque, après une condamnation pour crime ou délit, un nouvel arrêt ou jugement a condamné pour le même fait un autre accusé ou prévenu et que, les deux condamnations ne pouvant se concilier, leur contradiction est la preuve de l'innocence de l'un ou de l'autre condamné* » (al. 2).

Au vu de ces éléments, on se rend bien compte que le premier critère correspond à l'existence, douteuse, de la prétendue victime de l'homicide. Celle-ci n'existerait pas. Pas de victime, pas de crime, peut-on oser. Le deuxième critère reste le caractère inconciliable des deux condamnations. Quant au troisième, il établit le faux témoignage contre la personne condamnée. Enfin, le quatrième et dernier critère permet de réviser l'erreur quand vient à se produire ou à se révéler « *un fait ou des pièces inconnues lors des débats sont présentées, de nature à établir l'innocence du condamné* ». Si dans les faits, les trois premiers critères sont relativement facilement à invoquer et laissent peu de place à l'interprétation du juge, il n'en est pas autant du dernier (fait révélé ou pièce inconnue) qui soulève quelques difficultés. D'abord, il convient de noter la différence de formulation d'avec la France dont la plupart des États d'Afrique francophone ont hérité du système juridique. Si la France a modifié la formulation initiale et parle désormais de « *fait nouveau ou élément inconnu* », les États africains, eux, ont maintenu « *un fait vient à se produire ou à se révéler* » ou « *des pièces inconnues* », sans qu'on puisse savoir pourquoi, et quelle différence on peut établir entre « fait » et « pièce inconnue ». Ensuite, juridiquement, la notion demeure à ce jour, sans contenu réel dans la jurisprudence africaine qui ne dit pas ce qu'on peut entendre par « fait nouveau » au sens de l'article 408 CPP togolais ou 596 CPP du Bénin. Or, la matière pénale ne saurait s'accommoder d'imprécision qui désavantagerait le justiciable. D'autant plus, par ailleurs, que le but de la révision est de bénéficier, *in favorem*, à la personne reconnue coupable. Dès lors, la jurisprudence devra un jour nous dire ce qu'il convient de mettre dans la notion et quelle forme cela doit revêtir. L'imprécision laisse une marge de manœuvre assez large au juge et quand on sait le pouvoir que peut exercer le juge africain dans l'exercice de son ministère, on a toutes les raisons d'avoir des craintes quant à l'exigence de justice et la sécurité juridique. En attendant, on peut se référer à la jurisprudence et la doctrine européennes pour en avoir une idée claire. Diverses situations en effet, peuvent être assimilées au *fait nouveau* : « une nouvelle preuve en vertu de laquelle le condamné ne pouvait pas se trouver sur les lieux de l'infraction »[97], « la révélation de soupçons sur un inspecteur de police »[98],

[95] « *Lorsqu'un des témoins entendus a été, postérieurement à la condamnation, poursuivi et condamné pour faux témoignage contre l'accusé ou le prévenu ; le témoin ainsi condamné ne peut pas être entendu dans les nouveaux débats* » (al. 3).

[96] « *Lorsque, après une condamnation, un fait vient à se produire ou à se révéler ou lorsque des pièces inconnues lors des débats sont présentées, de nature à établir l'innocence du condamné* » (al. 4).

[97] Cass. crim., 28 juin 1994, *Bull. crim.* n° 258 ; Comm. rév., 15 novembre 2006, *Bull. crim.* n° 288.

[98] Comm. rév., 11 avril 2005, n° 01-REV-065.

« les rétractations de parties civiles ou de témoins »[99], « les faux témoignages »[100] ; et conduire à la révision de la condamnation pénale. Cette énumération n'est pas exhaustive. Quant à l'emploi de l'« élément inconnu », il semble être confondu au « fait » par la jurisprudence[101], et englobe, selon la doctrine[102], les trois premiers critères d'ouverture de révision. Au vu de cela, la Commission nationale consultative des droits de l'Homme (en France) recommande, pour raison de simplification, la suppression des trois premiers critères pour n'en retenir que le quatrième. Cette recommandation n'a pas été suivie par le législateur qui a maintenu les quatre conditions au sens de l'article 622 du CPP.

Enfin, se pose ici le problème de la conservation durable des preuves. C'est un problème de plus en plus d'actualité que les justiciables expriment le besoin de ne pas subir passivement les conséquences dommageables de faits qu'ils n'ont pas commis. Comment ne pas admettre qu'ils tentent de prouver par tous moyens leur innocence. *Quid* alors si ces pièces n'étaient pas conservées ou avaient été dégradées au fil du temps ? Il est temps de réfléchir à la seule question qui vaille : comment et sur quelle durée les pièces fournies pendant les procès qui scellent le sort des condamnés, sont-elles conservées par les juridictions africaines ? L'auteur n'ayant pas eu la réponse, il faut poser en principe que, en cas de condamnation à une peine lourde d'emprisonnement, un lieu doit être identifié pour la conservation de toutes les preuves ayant conduit à la condamnation. Cette sécurité matérielle doit être intégrée dans les exigences pour une justice qui dysfonctionne et les seules voies de recours classiques ne constitueraient plus le remède à l'insatisfaction des justiciables. Une nouvelle orientation doit être donnée à la procédure pour contrer les erreurs.

---

[99] Cass. crim., 13 avril 2010, *Bull. crim.* n° 71 ; Cass. crim., 24 juin 2009, n° 08-86070 ; Comm. rév., 4 juillet 2013, n° 11-REV-111 ; Cass. crim., 16 mars 1993, *Bull. crim.* n° 116 ; Comm. rév., 12 juin 2006, n° 05-REV- 071.

[100] Cass. crim., 20 février 1986.

[101] Référence au « fait nouveau » uniquement : V. Cass. crim., 26 juin 1991, *Bull. crim.* n° 282 et 283 ; Cass. crim., 15 mai 2013, n° 12-84818. Référence sans autre précision à l'« élément inconnu » : V. Cass. crim., 5 juin 1996, *Bull. crim.* n° 240 ; Cass. crim., 3 avril 2001, *Bull. crim.*, n° 90.

[102] Cf. DAURES (E.), *Révision*, Rép. Dalloz dr. pén. et proc. pén., n° 44 et s. ; ANGEVIN (H.), *Les demandes en révision*, Jurisclasseur proc. pén., art. 622-626, n° 2.

B. La nécessaire réorientation de la protection contre l'erreur

La justice n'a de valeur que si les décisions qui en découlent sont acceptées et subséquemment exécutées[103]. Cette justice des hommes étant faillible, la procédure doit instituer des moyens de juguler ces erreurs, de les rectifier[104]. À cela, servent l'appel et probablement la collégialité.

La *protection par l'exercice de l'appel* en matière criminelle : l'appel est un pouvoir accordé sans restriction à une juridiction supérieure de confirmer, d'améliorer, de modifier, d'anéantir les décisions d'un tribunal inférieur. Voie de réformation des décisions contradictoires ou de défaut, de premier ressort, rendues en matière correctionnelle ou de police[105], l'appel est porté devant une juridiction supérieure à celle dont le jugement est frappé de recours[106]. Lorsque les règles juridiques qui l'entourent sont pertinentes, il a une plus grande facilité à corriger les éventuelles erreurs judiciaires. Procédé de correction des erreurs judiciaires, il est admis en France, tout au moins en matière criminelle. En ce sens que les justiciables français bénéficient d'un double degré de juridiction susceptible de relever les éventuelles erreurs antérieures. Cela n'est pas le cas dans la plupart des États africains qui n'ont pas institué l'appel en matière criminelle. L'appel est déclaré *persona non grata* en matière criminelle en droit africain. Il n'est possible ici qu'en matière délictuelle. Les accusés ne disposent donc pas, au même titre que les prévenus, des mêmes armes processuelles. Les plaideurs en droit répressif africain par exemple, sont discriminés quant à la reconnaissance d'un droit d'interjeter appel des décisions de condamnation pour crime. Il n'est reconnu à l'accusé qu'une voie de recours extraordinaire ; ce qui n'est plus le cas en France qui a favorablement accueilli la possibilité d'appel contre les arrêts de la Cour d'assises[107]. Le double degré de juridiction en matière criminelle n'est ainsi pas universellement admis[108]. Or, *« la possibilité de faire appel d'une décision défavorable est à juste titre considérée comme un droit de l'homme et qu'il appartient à l'intéressé de déterminer librement quel est son intérêt puisque l'opportunité de l'exercice effectif de son droit de recours est laissée à sa libre appréciation »*[109]. Comme plusieurs États africains, le Bénin vient de

---

103 GIBAUD-CROSET (D.), « L'appel en matière criminelle », *in* PUAM *op. cit.*, p. 51.

104 *Idem.*

105 PRADEL (J.), *Procédure pénale*, CUJAS, Paris, 2006, p. 869.

106 CADIET (L.), NORMAND (J.) et AMRANI-MEKKI (S.), *Théorie générale du procès*, PUF, Paris, 2010, p. 919.

107 VERGES (E.), *Procédure pénale*, Litec, Paris, 2007, p 7.

108 GIBAUD-CROSET (D.), op. cit., p. 63.

109 RASSAT (M-L.), *Procédure pénale*, PUF, Paris, 1990, p. 659.

réformer sa législation pénale[110], sans pour autant consacrer la Chambre criminelle au sein du tribunal de première instance qui devrait être saisie des arrêts de mise en accusation, et qui statuerait en tant que juridiction de jugement de premier ressort, sur des infractions qualifiées crimes. La correction d'une décision éventuellement erronée et empreinte de partialité, se trouve ainsi affaiblie en Afrique.

L'autre mécanisme de protection mis en place par les législations africaines est *la collégialité*, même si l'on peut convenir que ce mécanisme n'est pas une garantie de fiabilité absolue. La collégialité en effet est un « *principe en vertu duquel la justice est rendue par plusieurs magistrats qui délibèrent leurs décisions à la majorité absolue des voix* »[111]. La méfiance du juge, la crainte de l'arbitraire et l'idéal démocratique qui confineraient l'autorité judiciaire à la seule et stricte application de la loi, sont à la base de cette technique[112]. En fait, l'appréciation erronée des indices, des preuves par un juge unique le conduit bien souvent à des risques d'erreurs judiciaires. Or ce risque d'erreur peut être écarté lorsque le jugement est pris par un collège de plusieurs juges ayant une appréciation plus objective et plus sérieuse de la même affaire, dans la mesure où l'erreur se noie dans la voix de la majorité. Au sein de la juridiction collégiale, les magistrats se contrôlent mutuellement[113]. Il y a lieu d'ériger la collégialité en principe révolutionnaire en ce qu'elle permettrait de transcender les opinions individuelles pour incarner une justice rendue au nom de tout un peuple[114]. Ainsi, la collégialité est dotée de toutes les qualités : celle de favoriser la délibération et la discussion, celle de permettre de rendre une décision plus impartiale, plus indépendante et moins exposée à la rancœur des justiciables, celle enfin d'offrir un moyen de renforcer la légitimité et l'autorité de la justice. Pourtant ces garanties sont à atténuer puisque la collégialité ne prévient qu'imparfaitement les risques de dérives judiciaires. L'appréciation erronée des indices par deux juges dans un collège de trois juges, conduit irrémédiablement vers l'erreur judiciaire en dépit de l'opinion objective d'un seul juge. Néanmoins, la collégialité est souhaitable, préférable car deux

---

[110] Loi n° 2012-15 portant code de procédure pénale en République du Bénin.

[111] *Lexique des termes juridiques*, 14e éd., 2003. V. *Collégialité*.

[112] BRAÊN (A.), « Collégialité et juge unique : l'expérience canadienne », *in* Fabrice HOURQUEBIE, *op. cit.*, p. 165.

[113] ROUSSEL (G.), *Suspicion et procédure pénale équitable*, L'Harmattan, Paris, 2010, p. 200.

[114] HAKIM (N.), « La collégialité : Histoire d'un monde d'organisation de la justice », *in* Fabrice HOURQUEBIE, *Principe de collégialité et cultures judiciaires*, BRUYLANT, Actes de colloque, Université Montesquieu-Bordeaux IV, Bordeaux, 20 et 21 sept. 2007, Bruxelles, 2011, p. 35.

opinions vaudront toujours mieux qu'une seule[115]. Elle serait le fruit de la plus noble des ambitions et de la plus juste des causes : une bonne et saine justice[116]. Elle doit pouvoir être généralisée comme le meilleur moyen de rendre valablement et efficacement la justice[117].

En somme, le spectre de l'erreur judiciaire est une épée de Damoclès qui plane sur toutes les justices, celle africaine y comprise. C'est une évidence que l'œuvre de justice ici-bas, est humaine donc susceptible d'erreur. Loin d'un opprobre, reconnaitre ses erreurs est un acte de grandeur. Car, contrairement à ce que l'on peut penser, une justice qui sait reconnaitre ses erreurs, est une justice fiable puisqu'elle s'autorise à les corriger. Le silence manifesté par la justice africaine à ce sujet plonge des milliers d'innocents et la société africaine tout entière[118] dans un désarroi profond. Et ce travail est un travail de rupture avant tout diagnostique, afin que le juge africain, qui ne s'imagine pas pouvoir faire des erreurs au point de devoir les corriger, qui s'est toujours refusé à l'évidence, puisse rendre à la société cette même évidence. Ce n'est que justice.

---

[115] MASTOR (W.), « Pour une humanisation de la collégialité », *in* Fabrice HOURQUEBIE, *op. cit.*, p. 61.

[116] *Ibidem*, p. 20.

[117] HAKIM (N.), *op. cit.*, p. 19.

[118] GIBAUD-CROSET (D.), *op. cit.*, p. 52.

DEUXIÈME PARTIE

DROIT FRANÇAIS

Le fait nouveau,
Approche d'un avocat général

François-Louis COSTE

I La loi du 20 juin 2014 nous rappelle qu'en justice deux types d'erreurs peuvent se présenter : l'erreur de fait et l'erreur de droit. Mais on ne les commet pas de la même façon. Les erreurs de droit peuvent procéder d'une conduite consciente, d'un choix, voire d'une prise de risque, éventuellement d'ailleurs sans malice. Néanmoins l'auteur de telles erreurs se doute ou sait qu'il se laisse aller à faire ce qu'il vaudrait mieux éviter. Quoi qu'il en soit, le Code de procédure pénale prévoit désormais, et de façon difficilement explicable, deux procédures distinctes pour y répondre : le pourvoi dans l'intérêt de la loi[119] et le réexamen[120]. L'erreur de fait, en revanche, consiste à faire un mauvais choix en étant convaincu de faire le bon. C'est dire qu'on avance vers l'erreur judiciaire comme on marche vers l'enfer, en foulant le pavé des bonnes intentions.

Le magistrat dont la parole ne peut être pertinente que s'il parle selon la loi, n'a pas plus de légitimité que n'importe quel citoyen lorsqu'il discourt sur l'erreur judiciaire puisque cette notion ne figure dans aucun Code. Mais il est vrai qu'il est fondé à rappeler que tant qu'une décision peut faire l'objet d'un recours, tout est rattrapable. Le mauvais choix n'est pas encore irrémédiable.

Distinguons alors le *« mauvais jugement »*, erreur d'une juridiction, mais susceptible de recours, de *« l'erreur judiciaire »,* imputable à l'institution et plaçant le justiciable, comme Icare, au fond du labyrinthe. Il ne sait plus comment s'en sortir. Il crie son innocence, parfois accompagné de son avocat, de sa famille et éventuellement d'un comité de soutien. On l'exhorte à se résigner ; il se refuse absolument à être dit

---

[119] Cf. l'affaire Jean-Marie DEVEAUX, condamné pour meurtre par la cour d'assises du Rhône le 7 février 1963. L'arrêt fut cassé et annulé le 30 avril 1969 (pourvoi n° 69-90721, Bull. crim. n° 149) grâce à un deuxième pourvoi du Garde des Sceaux dans l'intérêt de la loi. Ce jeune homme fut finalement acquitté le 27 septembre 1969 par la cour d'assises de la Côte d'Or où l'affaire avait été renvoyée. On ne peut manquer d'observer que le premier pourvoi, bien que fondé sur le même moyen à peine moins développé, avait été rejeté (Crim. 17 octobre 1968, pourvoi n° 68-91255, Bulletin n° 260).

[120] Cf. l'affaire FARHI : Arrêt CEDH du 16 janvier 2007, Requête n° 17070/05. Je cite cet exemple pour l'avoir personnellement connu lorsqu'après réexamen, l'affaire fut renvoyée devant la cour d'assises de Paris.

« *coupable* ». Mais, entre l'évasion ou le suicide, il n'y a plus rien à espérer. La justice a épuisé ses pouvoirs ; elle est désormais impuissante.

Le justiciable vit l'erreur judiciaire, il l'éprouve, il se sait innocent, donc il se dit victime d'une mauvaise décision de justice. La justice, en revanche, ne connait que la loi et les décisions qu'elle rend. Elle n'admet donc l'erreur que si un autre jugement vient dire, selon la loi, que le jugement de condamnation est erroné. Il n'est pas surprenant, dans ces conditions, que la notion d'erreur judiciaire ne fasse pas consensus.

Alors, puisque l'expression « *erreur judiciaire* » n'est pas juridique, il ne reste plus qu'à tenir un discours politique. C'est ainsi qu'à force de protestations[121] et au fil du temps le législateur a souvent réécrit l'article 622[122] du Code de procédure pénale dans l'espoir de trouver la formulation qui convienne à chaque nouveau cas tout en fixant des limites à la remise en cause des décisions de justice.

On glose sur l'interprétation de l'article 622 : entre *le fait nouveau qui se produit* et l'*élément inconnu qui se révèle*, certains voient une réelle différence[123] qui me semble plutôt participer d'une sorte de mystère

---

[121] Emile GARÇON rappelait : « chaque nouveau cas de révision a été introduit dans la loi à la suite d'une nouvelle erreur judiciaire, flagrante et irréparable ». Cf. « Des effets de la révision des procès criminels », http://gallica.bnf.fr/ark:/12148/bpt6k6108745x/f2.image.r=%C3%A0%20la%20suite%20d%27une%20nouvelle%20erreur

[122] Depuis la loi du 20 juin 2014, l'article 622 dit : *« La révision d'une décision pénale définitive peut être demandée au bénéfice de toute personne reconnue coupable d'un crime ou d'un délit lorsque, après une condamnation, vient à se produire un fait nouveau ou à se révéler un élément inconnu de la juridiction au jour du procès de nature à établir l'innocence du condamné ou à faire naître un doute sur sa culpabilité"*. Cette rédaction a supprimé l'énumération des cas particuliers dans lesquels la révision pouvait être recevable. Elle ne conserve donc que le 4°) de l'ancien article qui admettait la révision lorsque *"après une condamnation, vient à se produire ou à se révéler un fait nouveau ou un élément inconnu de la juridiction au jour du procès, de nature à faire naître un doute sur la culpabilité du condamné »*.

[123] Cf. Avis de la Commission Nationale Consultative des Droits de l'Homme, JORF n° 0044 du 21 février 2014 : http://www.legifrance.gouv.fr/affichTexte.do;jsessionid=93C2B5532AF05E16FBA2EB67446F0788.tpdjo01v_1?cidTexte=JORFTEXT000028626643&categorieLien=id et Claude MATHON, avocat général à la Cour de cassation : http://www.claudemathon.fr/public/Note_sur_la_procedure_de_revision.pdf ; en sens contraire, Henri ANGEVIN, Conseiller doyen à la chambre criminelle de la Cour de cassation, « Les demandes en révision », Jurisclasseur Procédure pénale.

sémantique. Un élément inconnu ne devient-il pas une nouveauté aux yeux de celui auquel il se révèle ? Et on perçoit mal comment la définition du terme « élément »[124] permettrait de le distinguer du « fait » au point de produire des effets juridiques distincts. Au demeurant, et quant aux conditions de recevabilité des demandes de révision, j'ai peine à voir en quoi cette rédaction serait si différente du droit antérieur et pourrait mieux aider les condamnés à reprendre espoir[125].

II. J'en veux pour preuve les dossiers de révision que j'ai connus : les affaires DILS et SECHER. Ce qui frappe d'abord, dans ces dossiers, c'est que le « fait nouveau » a surgi comme un *« deus ex machina »*.

1. Début 1998, alors que Patrick DILS, incarcéré depuis l'âge de 16 ans, allait entamer sa 12ème année de détention[126], son avocat saisissait la commission de révision. Il avait appris qu'à l'époque du double meurtre en 1986, Francis HEAULME travaillait à Montigny-Lès-Metz et résidait chez sa grand-mère, dans un village voisin. Mais il n'était connu que pour ses fréquents épisodes d'ivresse. Nul ne savait, ni ne pouvait évidemment deviner qu'il avait déjà, et allait encore commettre des meurtres. En charge du dossier pour la commission de révision, le conseiller Jean FAVARD s'interrogeait : *« à coup sûr, la découverte de l'existence de HEAULME constituait un fait nouveau très important, mais en quoi pouvait-il être de nature à susciter un doute sur la culpabilité de DILS s'il ne conduisait pas au moins à la probabilité de celle de HEAULME ? »*[127].

Si le doute sur la culpabilité de l'un dépend de la probabilité de la culpabilité de l'autre, il est sûr que cela peut suffire pour la révision. Mais quel type de certitude pourra-t-on avoir en ce qui concerne DILS ? La certitude de sa culpabilité, la certitude de son innocence ou la certitude d'un doute qui devra lui profiter[128] ? Car la cour d'assises n'était pas saisie du cas

---

[124] Voir le dictionnaire du Centre National de Ressources Textuelles et Lexicales : http://www.cnrtl.fr

[125] La réforme n'a pas permis, en tout cas, la révision de l'affaire Miss et Thiennot dont la commission d'instruction de la cour de révision a rejeté le dernier recours le 16 mars 2015 (cf. Emmanuelle Allain, « Les vieilles affaires », AJ Pénal, avril 2015, p. 165).

[126] En 1990 et 1994 deux précédentes demandes de révision avaient été rejetées. Patrick DILS sera acquitté par la Cour d'assises des mineurs du Rhône le 24 avril 2002.

[127] *Quelques affaires retentissantes SEZNEC, DOMINICI, DILS, RADDAD, Les révisions en question*, Jean FAVARD, éd. Riveneuve, 2011, p. 149.

[128] À Reims, devant la cour d'assises des mineurs de la Marne, l'avocat général avait requis l'acquittement. DILS ayant été à nouveau condamné, il m'a semblé alors, en

de celui dont la présence était révélée ; elle n'avait pas compétence pour se prononcer sur sa culpabilité. HEAULME avait un statut incertain. Formellement il n'était ni témoin assisté, ni mis en examen. Pour affirmer l'innocence de Patrick DILS, déjà déclaré coupable, aurait-il fallu attendre que HEAULME soit condamné ? Option insoutenable ; on y serait encore... Cependant il est vrai que dans l'affaire Marc MACHIN, les aveux de David SAGNO ont été jugés suffisants pour suspendre l'exécution de la peine que purgeait MACHIN, et insuffisants pour prononcer tout de suite son acquittement. La justice a choisi d'attendre que SAGNO soit d'abord condamné.

En tout cas, la présence de HEAULME qui se disait étranger au double meurtre mais qui faisait pourtant des déclarations troublantes, avait indiscutablement le mérite de permettre et de légitimer une nouvelle lecture du dossier, lecture critique qui acceptait que l'on puisse s'interroger sur ce qui avait été considéré comme des charges contre Patrick DILS.

2. Dans l'autre dossier, le fait nouveau était apparemment simple : la jeune fille É... qui, en 2000 et alors qu'elle avait 13 ans ½, avait accusé Loïc SECHER de viol, se rétractait en 2008. Il s'agissait là d'un évènement assurément capital. Mais manifestement pas encore suffisant.

Car en lisant l'arrêt de la cour de révision, on observe que celle-ci a eu le souci de ne pas faire apparaître la justice comme une girouette qui tournerait au gré des variations de la parole de la « dénonciatrice ». La jeune fille avait été interrogée, formellement sa parole avait été examinée ; son changement de discours pouvait-il être, à lui seul, un fait nouveau ? Le dire, n'était-ce pas laisser entendre qu'elle avait été très mal ou très insuffisamment interrogée[129] ?

Par chance, les lenteurs de la procédure permettaient de mettre en valeur un élément inconnu des juges bien qu'à l'époque la défense n'ait pas ménagé ses efforts pour que l'affaire soit jointe au dossier de viol. Il s'agissait d'un autre dossier dit de *« L'agression »*.

---

opportunité (sauf improbable cassation, DILS n'aurait plus jamais d'autre occasion d'obtenir son acquittement), nécessaire et plus efficace, devant la cour d'assises des mineurs du Rhône siégeant en appel, d'opter pour une stratégie différente consistant à faire en sorte que, même les plus réticents, conviennent qu'ils ne pouvaient être sûrs de rien et que, doutant, ils devaient acquitter. Cf. « Les cahiers de la justice », n° 2011/4, le réquisitoire oral et n° 2012/2, « Le sens de l'erreur, réponse à Jean DANET ».

[129] Cf. *infra*, IV- 2.

Douze jours avant l'ouverture du procès de Loïc SECHER pour viol, en septembre 2003, É... qui était sortie se promener seule, était retrouvée au bord d'un chemin, blessée et portant des traces de coupures. Elle disait avoir été agressée par un individu qui lui avait dit : « *É... retire ce que tu as dit, je sais que tu as menti ; il est incapable de faire ça ; tu vas regretter d'avoir accusé Loïc* ». Cette affaire, qui avait pour effet immédiat de repousser de trois mois le procès de viol, donnait lieu à l'ouverture d'une information[130] qui devait établir que la jeune fille s'était automutilée et n'avait été victime d'aucune agression.

Mais à la date de la condamnation de Loïc SECHER en première instance (10 décembre 2003) et encore en appel (24 mai 2004), ce dossier de *« L'agression »* n'était toujours pas réglé. L'ordonnance de clôture qui, le 16 mars 2005, prononçait un non-lieu, constituait donc, pour la Cour de révision, un « fait nouveau », ignoré des deux cours d'assises, et établissant qu'à l'époque et à propos de la procédure de viol, la jeune fille avait été capable de mensonges, ce qui permettait de prendre son revirement au sérieux.

III. Maintenant que l'on sait que Patrick DILS et Loïc SECHER étaient innocents, on ne peut s'empêcher de frémir à l'idée qu'aucun fait nouveau n'aurait pu jamais être révélé.

Compte tenu de son mode et de son hygiène de vie, Francis HEAULME pouvait tout simplement disparaitre en ne laissant que le souvenir d'un vagabond alcoolique. Et Patrick DILS serait resté à jamais le coupable d'un double meurtre d'enfants. De même, si la jeune É... n'avait pas été secourue lorsqu'en grande dépression, et à plusieurs reprises, elle avait tenté de mettre fin à ses jours, Loïc SECHER serait pour toujours considéré comme son violeur.

D'où la question : n'y a-t-il rien d'autre à espérer qu'un merveilleux hasard, un miracle, un *deus ex machina* pour faire admettre l'innocence d'une personne qui crie en dénonçant l'erreur dont elle se dit victime ? Si l'on exige un critère objectif général, indépendant de tout cas d'espèce, il est sûr que le « fait nouveau » ou « l'élément inconnu » lors de la condamnation, apparait comme le seul évènement susceptible d'être admis. La justice est censée avoir tout vu et tout dit ; il n'y a donc rien de plus ni de mieux à voir ni à dire à défaut de fait ou d'élément nouveau.

---

130 Les gendarmes chargés de cette enquête et de la commission rogatoire n'appartenaient pas à la même brigade que ceux ayant travaillé sur le dossier de viol. Entre les deux affaires, la famille de la jeune fille avait déménagé.

La conclusion qu'impose cette logique, c'est que l'autorité de la chose jugée, justifiée par la nécessité sociale, pèse comme une pierre tombale sur l'innocence, l'honneur et la liberté des citoyens aussi longtemps qu'aucun miracle ne vient les secourir.

IV. Pourtant, il faut bien reconnaître que la justice n'est pas toujours idéalement rendue. On comprend que certains justiciables ne parviennent pas à s'accommoder de l'autorité de la chose définitivement mal jugée ? En tout cas, quand on exhume les dossiers, on vérifie comment, le plus souvent, l'erreur prend racine dans l'enquête.

1. On s'est beaucoup intéressé aux « aveux » de Patrick DILS, et c'était nécessaire ; mais s'est-on suffisamment interrogé sur les raisons pour lesquelles l'enquêteur s'est orienté vers ce jeune garçon ? Celles qui ressortent du dossier apparaissent d'une très grande indigence et sont fort mal justifiées. Le plus étonnant, c'est que l'enquêteur s'intéresse à lui à partir d'un renseignement anonyme relatif aux difficultés de voisinage entre la famille DILS et les grands-parents de l'une des victimes. Le jour où il reçoit ce renseignement (surlendemain du crime), on lui transmet aussi le procès-verbal de l'audition d'un jeune homme reçu la veille (lendemain du crime) ; ce témoin dit que le jour du crime, à une heure dont la Police sait qu'elle peut correspondre à l'heure du meurtre, il a croisé un homme à la chemise éclaboussée de sang et qui ne paraissait pas blessé ; il se dit capable de faire son portrait-robot. Compte tenu de l'heure tardive, on lui répond qu'on le convoquera. Or jamais il ne le sera et l'enquêteur délaissera totalement ce témoignage[131].

Quant aux « aveux », après les avoir reçus, a-t-on bien conscience de la façon dont, généralement, ils peuvent fonctionner ?

---

[131] Jean FAVARD écrit (*op. cit.*, p. 135) : « Quant au témoignage le plus spectaculaire, relatant la rencontre faite le 28 septembre 1986, vers 17h35, d'un homme portant des éclaboussures de sang sur sa chemise et dont la paume de la main était également tachée de sang, sa taille n'était que de l'ordre de 1,65 mètre... » Et puisque HEAULME fait 1,92 mètre, ce témoignage n'aurait pas d'intérêt. Avant que DILS n'en vienne à faire ses « aveux », sept mois plus tard, que n'avait-on fait faire le portrait-robot que proposait le témoin ? Une ressemblance éventuelle aurait été bien plus intéressante que l'appréciation d'une taille qui n'était évidemment pas la première préoccupation du témoin. Le lendemain du crime, personne, en tout cas, ne pouvait, ni n'avait le droit de dire que ce témoignage ne présentait pas d'intérêt.

Ceux de DILS, recueillis dans des conditions relativement banales, sont tellement atroces qu'on en garde très durablement des images insupportables[132]. Et ces images collent aux yeux au point de rendre aveugle. Totalement fascinés, les juges n'ont plus été en état de porter un regard critique[133] et d'analyser les autres éléments de la procédure ; ils les ont interprétés dans le but de les rendre cohérents avec ces « aveux ». Ainsi, à partir du moment où Patrick DILS avait « avoué », il en résultait que le crime avait eu lieu vers 18h50 et non pas, comme le médecin légiste l'avait déduit de ses constatations, vers 17h30, heure cohérente avec celle à laquelle le jeune garçon avait croisé l'homme à la chemise éclaboussée de sang.

Lorsque Patrick DILS s'est rétracté, il était trop tard ; ce qu'il avait dit avait tout bouleversé. Le mécanisme de l'erreur avait été si complètement remonté que, 15 ans après, il fonctionnait toujours. Et c'est ainsi qu'à Reims, alors que la Cour de révision avait annulé le jugement de Metz, la cour d'assises des mineurs de la Marne condamnait à nouveau.

2. Dans le dossier de Loïc SECHER, la genèse de l'erreur présente des analogies. Voilà une jeune adolescente de 13 ans ½ qui montre des signes d'anorexie. Deux de ses enseignants en concluent que, pour être dans cet état, il faut *« évidemment »* qu'elle ait été victime d'agressions sexuelles. Ils veulent l'aider, ce qui suppose qu'elle leur dise *« la vérité »*, c'est-à-dire quelque chose qui corresponde à ce dont ils sont déjà convaincus. Ils la convoquent et, de guerre lasse, elle *« avoue »*. Pour son agresseur, elle décrit un homme dont elle a entendu ses parents dirent qu'il les avait déçus. Elle ne prononce pas son nom (qu'elle connait bien). Ce sont ses parents qui, à la description de leur fille, identifieront et désigneront Loïc SECHER.

Mais cette jeune fille réalise très vite que sa parole a mobilisé la gendarmerie et déclenché un processus qu'elle ne peut plus maitriser et qui l'effraie. Ayant peur d'avouer son mensonge - et par la même occasion, de décevoir ses professeurs et ses parents qui sont à son écoute et lui font

---

[132] En réalité, DILS ne fait que livrer un récit qu'avec ses camarades ils avaient mis au point au fil des jours et en lisant la presse, lorsqu'ils cherchaient à s'expliquer comment un pareil crime avait pu être commis.

[133] Sur présentation du juge d'instruction, Patrick DILS reconnait les trois pierres ayant servi à tuer les deux enfants. Il désigne, sans erreur, celle ayant servi à frapper l'un, celle ayant servi à frapper l'autre et celle ayant servi à frapper les deux. Preuve accablante, dit-on : *« seul l'auteur du crime peut être capable de reconnaitre ces pierres sans se tromper ! »* Mais est-ce raisonnable ? Comment est-il possible de reconnaître, si précisément, sept mois plus tard, des pierres ramassées en hâte et au hasard, à la nuit tombante, sur le ballaste d'une voie ferrée ? Faute de meilleure explication, seul le hasard semble le permettre...

confiance -, elle va s'y s'enfoncer. Deux mois plus tard, elle se rend à la gendarmerie pour compléter ses accusations. Un an après sa dénonciation initiale, elle frappe à la porte du juge d'instruction pour ajouter encore d'autres crimes à sa plainte.

Jusqu'alors, le juge n'avait pas estimé utile de l'entendre. On imagine ses réflexions : *« cette adolescente était si malade et si crédible qu'il aurait été cruel de la convoquer ; ses déclarations à la gendarmerie suffisaient bien. Évidemment, il n'était pas question de la confronter à Loïc SECHER ; puisqu'il niait tout, ça n'aurait servi à rien... »*. Elle était si crédible, en effet, qu'un expert n'hésitera pas à la dire *« sincère »*[134]. Lorsque, le 26 décembre 2001, elle demande à être reçue par le juge d'instruction, celui-ci a communiqué la procédure au parquet pour règlement ; ce qui signifie que le juge d'instruction s'apprêtait à renvoyer Loïc SECHER devant la cour d'assises sans avoir jamais entendu la plaignante.

De son côté, le gendarme enquêteur fera abondamment témoigner ceux qui croyaient la jeune fille ; il entendra sommairement les sceptiques. Quant aux médecins, traitant et scolaire, qui suivaient cette adolescente et dont l'opinion paraissait réservée, l'enquêteur ne cherchera pas à les faire parler[135]. Le juge ne tentera pas davantage de compléter.

V. Quoiqu'il en soit, dans ces dossiers, l'erreur est intimement liée à l'émotion, celle que suscitent les "aveux" insoutenables de Patrick DILS et celle que provoquent les accusations initialement arrachées à la jeune É... On les a crus parce que leurs récits bouleversaient. La justice, jusqu'à et y compris la cour d'assises, a eu foi en ces paroles d'une façon quasi mystique. Lorsque l'émotion anesthésie l'esprit critique, la confiance rend l'erreur contagieuse...

Si, huit ans après sa dénonciation, la jeune É... n'avait pas écrit pour dire qu'elle avait menti, qu'aurait-il été possible de répondre à Loïc SECHER qui protestait toujours ? Le dossier ne permettait certainement pas de soutenir qu'il s'était ou qu'il avait été mal défendu. Quant à l'autorité de

---

[134] La crédibilité d'un discours signifie qu'il est cohérent, qu'il peut être cru. Cette qualité est sans rapport avec la sincérité, qui elle est essentiellement morale. Un discours crédible peut être mensonger, c'est ce que suppose l'escroquerie ; un discours sincère peut être incroyable lorsque la réalité dépasse la fiction, ce qui n'est pas rare en justice. Un expert, spécialement un psychiatre, doit déontologiquement s'interdire de confondre science et morale.

[135] Personne ne leur a rappelé qu'ils étaient libérés du secret médical dont ils se prévalaient, puisqu'il s'agissait de mauvais traitements ou d'atteintes sexuelles infligés à un mineur de quinze ans (Cf. art. 434-3 du Code pénal).

la chose jugée, c'était justement ce qui l'avait déjà poussé à la grève de la faim et à une tentative de suicide.

Patrick DILS n'en avait pas fait autant ; il vivait dans l'idée que, de toute façon, ce très mauvais rêve devrait bien finir un jour. Mais pour ses parents la situation était vraiment insupportable[136]. Alors, plus le temps passait et plus l'autorité de la chose jugée les enchainait au désespoir. Mais ils luttaient toujours, comme s'ils avaient voulu s'empêcher de mourir tant qu'ils n'auraient pas vu leur fils innocenté.

VI. N'est-il pas possible alors d'imaginer et d'inventer - indépendamment de la procédure de révision – une instance indépendante de l'autorité judiciaire qui, sans attendre l'improbable fait nouveau, soit habilitée à vérifier ce qui est dénoncé comme une erreur ?

La Cour de révision n'est pas en mesure de permettre la reprise d'une procédure si, après le jugement, rien de nouveau n'est révélé. Et c'est bien compréhensible. La Cour de révision est une cour de juristes qui, en dehors de critères légaux précis, ne peut revenir sur ce principe juridique essentiel qu'est l'autorité de la chose jugée. Elle ne peut – et on ne conçoit pas qu'elle pourrait – décider d'une révision en se fondant sur sa propre intime conviction, différente de celle des juges du fond. De sorte que, pour elle, l'autorité de la chose jugée fonctionne comme un cadenas à la sécurité duquel elle doit veiller et pour l'ouverture duquel, seules les clefs de la loi sont admises, c'est-à-dire le fait nouveau ou la révélation d'un élément inconnu, mais pourvu qu'ils soient de nature à établir l'innocence du condamné ou à faire naître un doute sur sa culpabilité. Lorsqu'elle admet la révision, c'est parce qu'elle a pu vérifier, et l'existence, et la qualité du fait nouveau, donc que le droit permettait de refaire le procès ; elle n'a pas, pour autant, vérifié l'innocence du condamné.

Le principe de l'autorité de la chose jugée opère, finalement, un renversement du rapport que la justice entretien avec la vérité. Logiquement, nul ne met en doute l'idée selon laquelle rien de ce qui est dit n'est juste s'il n'est vrai. Mais, au nom de l'autorité de la chose jugée il faut admettre la proposition inverse : il suffit que le juge ait dit pour que sa parole soit vérité (verdict = *vere dictum*). C'est la fiction selon laquelle, puisqu'après lui il ne

---

[136] Déjà, entre l'arrestation de leur fils en avril 1987 et sa condamnation par la cour d'assises des mineurs de la Moselle en janvier 1989, ils n'avaient pas eu le droit d'aller le voir en détention, toutes les demandes de permis de visite leur avaient été refusées.

peut plus y en avoir d'autre, le dernier mot, celui du juge, a nécessairement atteint l'idéal.

Pourtant tout le monde sait très bien que la vérité judiciaire ne rend compte que de façon approximative de la réalité. Tout est alors possible. Ainsi la victime d'une authentique erreur judiciaire peut s'y résigner et ne pas même faire appel[137]. Mais il arrive aussi que les citoyens s'en offusquent, protestent et en appellent au législateur qui, devant l'erreur « flagrante et irréparable »[138] comme l'observait Émile GARÇON, modifie la loi[139]. Il est des condamnés contre les châtiments desquels la justice est demeurée impuissante, au nom d'une conception terriblement rigide, voire tétanisée du droit. De sorte que, paradoxalement, le principe de l'autorité de la chose jugée destiné à faire le deuil du crime, finit par fonctionner comme si le droit permettait d'entraver la justice ou comme pour illustrer l'adage *« summum jus, summa injuria »*[140]. Les historiens sont plus critiques encore : la magistrature peut avoir la tentation d'invoquer le principe de l'autorité de la chose jugée pour se couvrir de façon corporatiste au nom de la justice[141].

Dans ces conditions, dès lors que le droit montre ainsi ses limites, ne faut-il pas recourir à d'autres instances pour faire prévaloir la vérité et, par conséquent, la justice ? Ne faut-il pas inciter le législateur à admettre que la raison prévale sur un principe de droit ? Pourquoi la France n'adopterait-elle pas une démarche un peu pragmatique ? La loi ne peut-elle pas créer, en

---

137 Cf. Crim. 1er décembre 1893, Bull. n° 334, et Crim. 24 juin 2009, pourvoi n°08-86070, non publié : dans l'un et l'autre cas, la personne condamnée n'avait pas fait appel. La révision avait été demandée par le Garde des sceaux.

138 Dans l'affaire dite « du courrier de Lyon » (1796), LESURQUE fut condamné à mort et exécuté. Le lendemain du verdict, son coaccusé l'avait mis hors de cause et dénoncé un tiers. Après l'exécution, ce tiers identifié, arrêté, avoua. Il fut condamné et exécuté. L'opinion s'étonna que LESURQUE ne soit pas réhabilité et que ses descendants ne soient pas admis à le demander. D'où la réforme de 1867 qui permit à la fille du condamné de présenter elle-même une demande de révision. Mais, en l'espèce, malgré le rapport favorable du conseiller Faustin-Hélie, la Cour de cassation suivit l'opinion contraire du procureur général Delangle (Crim. 17 décembre 1868, Bull. n° 250 et D.P., 1869, I, 41). Voir aussi : http://gallica.bnf.fr/ark:/12148/bpt6k5859949f/f11.texte.r=lesurque.langFR

139 Cf. ci-dessus, note 3, mais la réforme ne garantit pas le succès de la révision.

140 Faustin HELIE se demandait en substance pourquoi le principe de l'autorité de la chose jugée ne peut jamais fléchir quand l'ordre public, lui-même, y a intérêt ? L'État doit-il, dans le seul intérêt de cette règle, demeurer spectateur passif de l'injustice ? Cf. *Traité de l'instruction criminelle*, Livre II, Tome II, 2e éd., 1866, p. 647. Assurément l'excès de droit peut aboutir aux plus grandes injustices.

141 Cf. *L'erreur judiciaire de Jeanne d'Arc à Roland Agret*, sous la direction de Benoît Garnot, Ed. IMAGO, 2004.

s'inspirant du Royaume-Uni[142] ou de la Caroline du Nord[143], une commission mixte et pluridisciplinaire chargée, en cas de grave contestation, d'examiner la façon dont les enquêtes ont été menées et dont les affaires ont été instruites, et ce, sans attendre un hypothétique fait nouveau. Il s'agirait de répondre à la question de savoir si la vérité a été recherchée avec la rigueur méthodologique voulue[144]. Ses conclusions seraient soumises au Garde des Sceaux qui pourrait, comme dans le cadre du pourvoi dans l'intérêt de la loi, saisir la justice pour qu'elle en tire les conséquences. L'existence d'une telle instance aurait, au surplus, la vertu d'inciter les enquêteurs et les juges à un surcroît de vigilance et de prudence.

---

[142] Cf. intervention de M. PRADEL et la « Criminal Cases Review Commission » (CCRC), organisme public indépendant, créé en mars 1997 par le Criminal Appeal Act de 1995. Cette commission est chargée d'examiner les éventuelles erreurs judiciaires dans les tribunaux pénaux de l'Angleterre, pays de Galles et Irlande du Nord et pour les cas paraissant caractérisés, d'en saisir les cours d'appel. Cf. https://www.justice.gov.uk/about/criminal-cases-review-commission

[143] Cf. intervention de M. FIORINI : en 2006, la loi de Caroline du Nord a créé une "Innocence Inquiry Commission" composée de huit membres, chargée d'enquêter de façon indépendante, lorsqu'après avoir été condamnée, une personne proteste toujours de son innocence. Si, à l'unanimité de ses membres, la commission est convaincue de l'innocence du condamné, elle transmet son dossier avec son avis à trois juges spécialement désignés qui, au vu des « preuves claires et convaincantes » doivent être unanimes pour prononcer l'acquittement.
Cf. : http://www.innocencecommission-nc.gov/

[144] Cf. Christian MOREL, *Les décisions absurdes, Sociologie des erreurs radicales et persistantes - Comment les éviter*, Folio essais, Gallimard.

La prévention de l'erreur et l'instruction
Le rôle de la chambre de l'instruction

Sofian ANANE, Alexis BAVITOT, Jason CORROYER,
Camille KUREK, Audrey OUDOUL

De l'issue d'un procès, l'on attend la vérité judiciaire, soit la vérité qui ressort des débats. Si l'accès à cette vérité pose peu de difficultés pour certaines infractions, nombre d'entre elles nécessitent des mesures d'investigation particulières, tant il est ardu de déceler cette vérité. Ces infractions entraînent alors l'ouverture d'une information judiciaire, laquelle donnera lieu à une instruction, puis à un renvoi éventuel devant la juridiction de jugement. Cette procédure, souvent longue et conséquente, est conduite par le juge d'instruction.

Agissant en véritable enquêteur, le juge d'instruction ordonne, écoute, demande, recherche, aussi loin que ses prérogatives le permettent. Cependant, à l'heure actuelle, la collégialité n'est pas la règle en matière d'instruction. Le juge d'instruction est donc seul, face à des témoins qui ne sont pas toujours certains de ce qu'ils ont vu et entendu, face à des expertises qui parfois se contredisent, mais avant tout, il est seul face à lui-même. Le juge d'instruction intervient avant tout jugement au fond, et il va de soi que si le dossier qu'il constitue comporte des anomalies, les débats en seront affectés, et l'erreur judiciaire sera susceptible d'apparaître.

Cette solitude et cette indépendance ont été notamment mises en cause lors de l'affaire *d'Outreau*. Le juge d'instruction, ainsi que ses prérogatives, furent la cible des critiques, et furent décrites comme la cause principale de cette erreur judiciaire. L'erreur judiciaire peut se définir comme une « erreur de fait, qui, commise par une juridiction de jugement dans son appréciation de la culpabilité d'une personne poursuivie peut, si elle a entraîné une condamnation définitive, être réparée, sous certaines conditions, au moyen d'un pourvoi en révision »[145]. L'on entendra l'erreur, non pas comme une faute, mais comme une « fausse représentation de la réalité »[146].

---

[145] G. CORNU, *Vocabulaire juridique*, Association Henri Capitant, PUF, 7e éd., 2005, v. *Erreur judiciaire*.

[146] B. STARCK, H. ROLAND et L. BOYER, *Introduction au droit*, Litec, 5e éd., 2000, p. 540.

L'impact de l'instruction est immense, ne serait-ce que parce que durant cette procédure, les prévenus pourront être placés en détention provisoire, et voir ainsi leur liberté entravée, pour un fait dont ils ne sont parfois pas l'auteur.

Lors de la phase d'instruction, il ne s'agit pas tant de l'erreur de la juridiction de jugement, que de sa prévention. Cependant, cette phase de prévention est également sujette à l'erreur. L'intervention d'un organe de contrôle peut s'avérer être une véritable nécessité, pour la sauvegarde des intérêts privés, comme pour la sauvegarde de l'intérêt général. De surcroît, il n'est plus à démontrer que la procédure pénale est gouvernée par de nombreux principes, dont les droits de la défense, la présomption d'innocence, la célérité de la procédure, et le principe du contradictoire, qui se doivent d'être garantis au stade de l'instruction. En la matière, le respect de ces principes se matérialise au travers des prérogatives de la chambre de l'instruction.

« La chambre de l'instruction est d'abord et avant tout la juridiction du second degré, dont le rôle consiste, pour l'essentiel, à contrôler l'activité des juridictions d'instruction du premier degré »[147]. La chambre de l'instruction dispose du pouvoir d'apporter un second regard, tout en respectant un certain équilibre, ce qui n'est pas sans poser de difficultés. Comme de toute juridiction du second degré, l'on attend de la chambre de l'instruction qu'elle détecte les éventuelles erreurs. Parallèlement, ses prérogatives se heurtent au respect de l'indépendance du juge d'instruction, qui fut vivement critiquée après l'affaire d'*Outreau*. Par la suite, la chambre d'instruction a subi d'importantes réformes, que l'on doit à la loi du 5 mars 2007[148], et dont l'objectif a été d'étendre l'accès à ce double degré de l'instruction.

Partant, une sollicitation accrue de la chambre de l'instruction devrait permettre une prévention accrue de l'erreur judiciaire. Cette étude aura pour objet la chambre de l'instruction, mais l'on ne prétendra pas à l'exhaustivité quant à ses pouvoirs. L'on tentera de déterminer de quelle manière le double degré de l'instruction peut s'avérer efficace afin de prévenir l'erreur judiciaire, mettant ainsi en exergue la complémentarité entre l'accès à la chambre de l'instruction, et les prérogatives de celle-ci. Il conviendra donc d'analyser la prévention de l'erreur et l'accès à la chambre de

---

147 S. GUINCHARD et J. BUISSON, *Procédure pénale*, Litec, 9e éd., 2014, p. 1181.

148 Loi n° 2007-291 du 5 mars 2007 tendant à renforcer l'équilibre de la procédure pénale, *JORF* n° 55 du 6 mars 2007, p. 4206.

l'instruction (**I**), puis la prévention de l'erreur et les pouvoirs de la chambre de l'instruction (**II**).

I. L'accès à la chambre de l'instruction et la prévention de l'erreur

Il convient d'analyser les conditions d'accès à la Chambre de l'instruction afin de savoir dans quels cas il est possible d'espérer un contrôle afin d'évincer l'erreur future qui prendrait sa source dans un acte vicié. Dans cette démarche il faut tout d'abord analyser les conditions de saisine de la Chambre de l'instruction (A) pour ensuite s'attacher à une étude du filtre de la Chambre de l'instruction (B) ceci afin de savoir si les conditions de saisine et de filtre sont efficaces pour prévenir les erreurs.

A. La saisine de la Chambre de l'instruction

Les errements éventuels durant l'instruction peuvent découler soit d'un acte d'instruction[149] soit d'un acte juridictionnel[150]. Dans les deux cas, les conditions à satisfaire par l'auteur de la saisine sont différentes car les procédures sont distinctes. Dans le premier cas il s'agira d'une action en nullité[151] des actes et dans le second cas d'un appel[152]. Il convient donc d'observer quelles sont les possibilités offertes aux différents acteurs pour émettre leurs critiques sur les actes adoptés durant l'instruction afin d'éviter que l'erreur judiciaire se concrétise devant la juridiction de jugement.

1. La requête en nullité et la prévention de l'erreur

Une requête en nullité peut être formulée à l'encontre des actes d'instruction non juridictionnels. Le législateur a été soucieux d'ouvrir plus largement cette possibilité. En effet, jusqu'à l'adoption de loi du 4 janvier 1993[153] cette faculté n'était offerte qu'au juge d'instruction et au procureur de la République, autant dire que cette procédure était alors marginale. Depuis lors, les parties, à savoir le mis en examen et la partie civile, ont la possibilité de former de telles requêtes. Ce processus d'élargissement

---

[149] J. PRADEL, *Procédure pénale*, Cujas, 17e éd., 2013, p. 714.

[150] J. PRADEL, *op. cit.*, p. 714.

[151] J. DANET, « Brèves remarques sur la typologie et la mise en œuvre des nullités », *AJ pénal* 2005, p. 133.

[152] Sur ce point voir notamment B. BOULOC, *Procédure pénale*, Dalloz, 24e éd., 2014, p. 785 et s. ; J. PRADEL, *op. cit.*, p. 714 ; S. GUINCHARD et J. BUISSON, *op. cit.*, p. 1182, n° 2233 ; F. DESPORTES et L. LAZERGES-COUSQUER, *Traité de procédure pénale*, Economica, 3e éd., 2013, p. 1298 et p. 1305.

[153] Loi n° 93-2 du 4 janvier 1993 portant réforme de la procédure pénale, art. 71.

connaitra son apogée avec la loi du 9 mars 2004 qui a étendu la possibilité de requête en nullité au témoin assisté[154].
Le législateur a ainsi été animé par le souhait d'ouvrir plus largement le droit de formuler des requêtes en nullité, ce qui participe indéniablement à prévenir les erreurs car les contrôles sont susceptibles d'être plus fréquents du fait d'auteurs possibles plus nombreux.
Cependant, ce mouvement d'ouverture n'est pas homogène. En effet, les conditions à satisfaire par les parties « privées »[155] sont révélatrices d'une « *politique plutôt restrictive* »[156]. Pourtant admettre largement les actions en nullité des parties privées permet de déceler de façon plus satisfaisante les éventuelles erreurs. Mais cet inconvénient est contrecarré par la présence d'un procureur qui est très peu ou pas limité dans ses requêtes en nullité. Dès lors, l'organe qui est en charge de la recherche de la vérité au nom de la société a les moyens d'y parvenir efficacement.

Les parties et plus rarement le procureur doivent donc satisfaire plusieurs conditions afin de pouvoir saisir la Chambre de l'instruction.
Tout d'abord, par principe pour pouvoir émettre une requête en nullité, les parties doivent invoquer l'existence d'un grief[157], c'est-à-dire selon les articles 171 et 802[158] du code de procédure pénale, l'existence d'une « *atteinte aux intérêts de la partie que concerne la nullité* ». Ce grief peut se définir comme « *le préjudice causé par l'irrégularité à la partie concernée* »[159].
Cependant, il est des cas où il serait artificiel de vouloir rechercher l'existence d'un grief, la Chambre criminelle admet donc que la méconnaissance de certaines formalités fait nécessairement grief car il y a violation des droits de la défense, tel est notamment le cas de la notification tardive de ses droits à la personne placée en garde à vue[160] ou de la saisie de correspondances échangées entre l'inculpé et son avocat qui portait inévitablement atteinte aux droits de la défense[161].

---

[154] Loi n° 2004-204 du 9 mars 2004 portant adaptation de la justice aux évolutions de la criminalité, art. 95.
[155] Par commodité de langage nous retiendrons comme beaucoup d'auteurs la distinction entre parties privées et procureur de la République. En ce sens, voir notamment, F. DESPORTES et L. LAZERGES-COUSQUER, *op. cit.*, p. 1128 ; S. GUINCHARD et J. BUISSON, *op. cit.*, p. 1182, n° 2234.
[156] J. PRADEL, *op. cit.*, p. 715.
[157] Sur cette notion de grief, voir notamment, F. DESPORTES et L. LAZERGES-COUSQUER, *op. cit.*, p. 1319 et s.
[158] J. PRADEL, *op. cit.*, pp. 717 et 718.
[159] F. DESPORTES et L. LAZERGES-COUSQUER, *op. cit.*, p. 1320.
[160] Cass. crim., 4 janvier 1996, bull. n° 5 ; Cass. crim., 10 mai 2000, bull. n° 182.
[161] Cass. crim., 12 mars 1992, bull. n° 112 ; Cass. crim., 15 janvier 1997, bull. n° 14.

De plus, les nullités d'ordre public n'impliquent pas la démonstration d'un grief. En effet, les règles en question ne protègent pas spécifiquement une partie mais l'organisation du procès, la bonne administration de la justice, à titre d'exemple la partialité du juge d'instruction peut être considérée comme une nullité d'ordre public.
Cette condition de grief limite la possibilité de saisir la Chambre de l'instruction et donc peut être conçue comme un frein pour prévenir l'erreur. Cependant, elle favorise la célérité[162] et elle n'est imposée qu'aux parties privées, elle n'atteint pas le procureur et le juge d'instruction qui restent libres de soulever les nullités.

Ensuite, outre cette condition du grief, les parties et plus rarement le procureur sont limités dans le temps pour former leur requête en nullité. Les parties privées ont un délai de six mois[163] à compter soit de la mise en examen, soit de la première audition ou des auditions ultérieures pour formuler leurs requêtes en nullité. Passé ce délai, les parties ne sont plus recevables à soulever la nullité et donc ne peuvent plus faire échec à une éventuelle erreur qui viendrait prendre sa source dans cet acte. Ce délai de forclusion n'atteint pas le procureur qui a toujours la faculté de saisir la Chambre ce qui permet de prévenir l'erreur. De plus, à compter de l'avis de fin d'information[164] les parties ainsi que le procureur disposent d'un délai d'un mois si une personne mise en examen est détenue ou de trois mois dans tous les autres cas.

Enfin, le système des purges qui limite considérablement la possibilité pour les parties de soulever une nullité les oblige à être très vigilantes lorsqu'une requête en nullité est formée par les autres parties. En effet, selon l'article 174 alinéa 1, « lorsque la chambre de l'instruction est saisie sur le fondement de l'article 173 ou de l'article 221-3, tous les moyens pris de nullité de la procédure qui lui est transmise doivent, sans préjudice du droit qui lui appartient de les relever d'office, lui être proposés. *À défaut, les parties ne sont plus recevables à en faire état, sauf le cas où elles n'auraient pu les connaitre*. (Nous soulignons) ». Ce système de purge peut être conçu négativement comme restreignant la possibilité pour les parties de former une requête en nullité et donc comme favorisant le risque d'erreur judiciaire. Cependant, il est possible de retenir une conception positive de ce système et l'analyser comme un procédé incitant les parties et leurs conseils à étudier en détail le dossier afin de relever les éventuelles nullités et donc prévenir

---

[162] J. PRADEL, *op. cit.*, p. 718 : « Il est sûr cependant que l'article 802, C.P.P, est un facteur de célérité en sauvant des procédures qui ne méritent pas toujours d'être anéanties ».
[163] Art. 173-1 C. pr. pén.
[164] Art. 175 C. pr. pén.

l'erreur. De plus, le procureur peut toujours relever la nullité car il n'est pas concerné par ce système de purge des nullités. En outre, ce système de purge permet de satisfaire la célérité qui est tout aussi importante pour parvenir à la manifestation de la vérité.

La requête en nullité n'est pas la seule possibilité offerte aux parties afin d'évincer l'erreur. Il existe également un droit d'appel lorsque l'acte d'instruction à un caractère juridictionnel.

2. L'appel et la prévention de l'erreur

Les parties sont toujours strictement limitées en comparaison du droit d'appel général du ministère public[165] mais elles peuvent tout de même faire appel d'un grand nombre d'ordonnances[166] ce qui évince le risque d'erreur future.
Les articles 186 à 186-2 du code de procédure pénale énumèrent les ordonnances dont la personne mise en examen et la partie civile peuvent interjeter appel. Cette énumération est limitative et la Chambre criminelle n'hésite pas à affirmer dire que « *ces textes dont les dispositions sont limitatives, leur ont attribué un droit exceptionnel qui ne comporte aucune extension* »[167]. Les parties privées sont donc limitées et ces limites différent selon la qualité de la partie privée auteur de l'appel[168]. Dès lors un droit d'appel limité peut être interprété comme une possibilité limitée d'éviter l'erreur.
Cependant, ce risque est amoindri car le droit d'interjeter appel est général lorsqu'il est mis en œuvre par le procureur qui peut alors faire appel de toutes les ordonnances. Le ministère public dispose d'un droit d'appel « *général et absolu* »[169].
Dans les deux cas une limite temporelle est instituée, les parties privées peuvent faire appel dans les dix jours suivant la notification alors que le procureur doit agir dans les cinq jours.

---

[165] S. GUINCHARD et J. BUISSON, *op. cit.*, p. 1184 et s., n° 2242 et s.
[166] Notamment : ordonnances statuant sur la compétence ; ordonnances de renvoi dans les cas déterminés à l'article 186-3 du C. pr. pén. ; ordonnances dites complexes ; ordonnance rejetant une demande de contre-expertise ou de complément d'expertise. Sur ce point voir notamment : Lazerges-Cousquer, *op. cit.*, pp. 1363-1370.
[167] Cass. crim., 25 juillet 1983, bull. n° 225 ; Cass. crim., 6 janvier 1961.
[168] S. GUINCHARD et J. BUISSON, *op. cit.*, p. 1185 et s., n° 2243 et s. ; F. DESPORTES et L. LAZERGES-COUSQUER, *op. cit.*, p. 1363 et s.
[169] Cass. crim., 8 juillet 1958, bull. n° 526.

Il est possible de constater que les parties privées doivent satisfaire des conditions strictes pour pouvoir saisir la chambre de l'instruction en vue de prévenir l'erreur, limites moins marquées ou absentes en ce qui concerne le procureur. Donc ce dernier peut toujours intervenir là où les parties privées ne le peuvent plus ce qui peut être conçu comme une garantie supplémentaire contre le risque d'erreur. Les parties doivent par suite passer le filtre du président.

B. Le filtre de la Chambre de l'instruction

Dans un certain nombre de cas, le président de la Chambre de l'instruction intervient comme filtre de la demande des parties privées[170]. L'existence de ce filtre est susceptible d'influencer la prévention de l'erreur judiciaire de deux façons qui sont antagonistes. Dans un sens, il évite l'engorgement de la chambre et permet ainsi un travail serein de celle-ci, ce qui apparaît comme un moyen de prévenir les erreurs. Seulement, en contrepartie, il réduit l'accès à la chambre et donc l'effectivité du double degré de l'instruction qui, par nature[171], permet de prévenir les erreurs.

Ainsi, l'étendue du filtre exercé par le président de la Chambre doit, pour permettre une prévention efficace de l'erreur, correspondre à un juste équilibre. Il faut reconnaître que le droit positif n'est pas très éloigné de ce résultat grâce à l'instauration d'un filtre de forme ou de conformité[172] qui permet une lutte efficace contre l'encombrement du rôle (1). Cependant, l'existence d'un autre filtre, portant sur le fond ou l'opportunité[173], pose davantage de questions (2).

1. Le filtre portant sur la forme

Dans notre tradition inquisitoriale, l'appel des ordonnances de la partie privée apparait comme un droit d'exception[174]. Les cas d'ouvertures sont donc, comme énoncé précédemment, limités. Pour pallier la tentative

---

[170] J. GALLOIS, *Le président de la chambre de l'instruction,* Bréal, 2e éd., 2014, p. 95, n° 126. Ce filtre n'existe pas pour le ministère public car l'on ne peut, au regard de sa qualité, le soupçonner de démarches purement dilatoires. Cass. crim., 6 juillet 1996, n° 93-81.996, bull. n° 241 ; Cass. crim., 28 avril 1998, n° 98-80.366, bull. n° 142.

[171] Grâce, notamment, à l'accès à la collégialité que cela implique.

[172] Expression empruntée à F.-L. COSTE, « Chambre de l'instruction », *Rép. dr. pén et proc. pén.*, Dalloz, n° 213.

[173] Expression empruntée à F.-L. COSTE, *op. cit.*, n° 217.

[174] Cass. crim., 6 janvier 1961 ; Cass. crim., 25 juillet 1983, bull. n° 225. J. GALLOIS, *op. cit.*, p. 96, n° 128 ; S. GUINCHARD et J. BUISSON, *op. cit.*, p. 1184, n° 2242.

des parties de former un recours en dehors de ces cas, l'article 186 du code de procédure pénale prévoit en son dernier alinéa que le président de la chambre de l'instruction examine les appels pour écarter les demandes sortant des cadres envisagés par la loi. Il en est de même concernant les demandes formées en dehors des délais ou devenu sans objet[175].
De façon analogue, les possibilités de requêtes sont strictement encadrées, notamment en termes de condition de recevabilité. Qu'il s'agisse d'une requête tendant à la mise en liberté d'une personne dans les conditions de l'article 148-8 ou d'une requête tendant à la nullité d'un acte ou de la procédure dans les conditions de l'article 173 du code de procédure pénale, le président peut respectivement, soit décider qu'il n'y a pas lieu à statuer[176], soit déclarer la requête irrecevable[177].

Dans ces hypothèses de contrôle de forme, le président intervient finalement pour faire respecter les conditions d'accès à la chambre de l'instruction. Il s'oppose au recours à caractère dilatoire et apparaît ainsi comme un élément de prévention de l'erreur judiciaire en permettant un travail effectif de la chambre lorsque la recevabilité est actée[178]. Il en est différemment du second filtre portant sur le fond.

2. Le filtre portant sur le fond

Dans le cadre des appels prévus par l'article 186-1 du code de procédure pénale, le président de la chambre « décide, par une ordonnance qui n'est pas susceptible de voie de recours, s'il y a lieu ou non de saisir la chambre de l'instruction de cet appel »[179].

L'hypothèse est la suivante : dans le cadre de l'instruction, une partie a demandé, comme le permettent les articles 81, 81-2 et 82-3 du code de procédure pénale, qu'une mesure soit prescrite. Si le juge d'instruction rend une ordonnance de refus ou ne répond pas dans le délai d'un mois, la partie peut saisir le président de la chambre qui doit décider de transmettre ou non à la chambre. Le président est ainsi érigé en véritable juge de

[175] Loi n° 2004-204, du 9 mars 2004 précitée.
[176] Art. 148-8 al. 2 C. pr. pén.
[177] Art. 173 al. 5 C. pr. pén.
[178] Dans cet esprit, les ordonnances rendues dans ces cas sont insusceptibles de recours (art. 186 al. 6, 173 al. 5 et 148-8 al. 2 C. pr. pén.), à l'exception du cas de l'excès de pouvoir du président (concernant l'article 186 al. 6 C. pr. pén., v. Cass. crim., 6 avril 1993, bull. n° 147 ; Cass. crim., 29 avril 1997, bull. n° 154 ; concernant l'article 173 al. 5 C. pr. pén., v. Cass. crim., 26 novembre 1993, bull. n° 360 ; Cass. crim., 17 décembre 2002, bull. n° 228).
[179] Art. 186-1 al. 2 et 3 C. pr. pén.

« l'opportunité » de l'appel et devient un frein dans l'accès à la chambre et donc au double degré de juridiction. Il pourrait être objecté que l'examen ainsi effectué peut s'analyser comme un deuxième degré. Il n'en demeure pas moins que l'avantage de la collégialité représenté par la chambre reste absent.

Il faut néanmoins relativiser cette critique. En effet, le pouvoir du président de la chambre reste encadré par deux limites. La première est l'exclusion du champ d'application du filtre des refus d'expertise ou de contre expertise[180]. Il s'agit ici d'une répercussion de l'affaire d'*Outreau*[181]. La seconde est la possibilité offerte d'un recours pour excès de pouvoir contre la décision du président de la chambre[182]. Celui-ci n'est d'ailleurs pas illusoire puisqu'un par arrêt du 8 janvier 2013, la Cour de cassation annule l'ordonnance d'un président de la chambre ayant refusé de transmettre le recours et n'ayant pas motivé sa décision « au regard des spécificités de l'information en cause »[183].

Ainsi, le filtre du président apparaît comme un outil tendant à la prévention de l'erreur judiciaire. Il permet de conserver un accès effectif à la chambre de l'instruction et un travail serein de celle-ci. C'est justement de ce travail qu'il nous faut désormais traiter en étudiant les pouvoirs de la chambre de l'instruction.

II. Les pouvoirs de la chambre de l'instruction et la prévention de l'erreur

La chambre de l'instruction, juridiction du second degré pour l'essentiel, exerce un certain nombre de pouvoirs que MM. Guinchard et Buisson regroupent sous le terme de « contrôle d'opportunité et de légalité »[184]. À cette occasion, la juridiction peut procéder à un examen de l'entier dossier de la procédure, lui permettant d'avoir une vision globale de la cause et donc d'éventuels dysfonctionnements (A), mais elle peut également, dans le cadre de ce contrôle, ne porter son regard que sur un acte particulier du dossier (B).

---

[180] Cass. crim., 4 décembre 2007, n° 07-87.047, bull. n° 296 ; Cass. crim., 15 janvier 2008, n° 07-87.460, bull. n° 7.

[181] Loi n° 2007-291 du 5 mars 2007 précitée.

[182] Cass. crim., 26 juin 1995, bull n° 234 ; Cass. crim., 8 janvier 2013, n° 12-84.953.

[183] Cass. crim., 8 janvier 2013, n° 12-84.953, bull. n° 2.

[184] S. GUINCHARD et J. BUISSON, *op. cit.*, n° 2280.

A. Les pouvoirs d'examen de l'entier dossier de la procédure

À côté de son rôle, classique, de juridiction d'appel des ordonnances de juge d'instruction et, depuis l'entrée en vigueur de la loi du 15 juin 2000, de celles des juges des libertés et de la détention, la chambre de l'instruction dispose de deux pouvoirs spécifiques lui permettant qu'elle soit saisie *ab initio* de tout le dossier ou d'une partie seulement de celui-ci, d'attraire à elle l'ensemble de la procédure afin de poursuivre l'information en lieu et place du magistrat instructeur, totalement ou partiellement. Il s'agit ici du pouvoir de « révision » (1) et du droit d'évocation, subsidiaire du précédent (2).

1. La prévention de l'erreur judiciaire par l'exercice du pouvoir de révision

Selon les mots du doyen Angevin, « réviser, c'est examiner de nouveau pour changer, corriger »[185]. Le pouvoir de révision conféré à la chambre de l'instruction permet à celle-ci de contrôler l'exécution des instructions. Les professeurs Merle et Vitu le définissent comme « le droit qu'a la juridiction de compléter la procédure qui lui est soumise, de réparer les omissions commises par le juge d'instruction, de redresser les qualifications données aux faits délictueux, de statuer sur tous les chefs de crimes, de délits ou de contraventions résultant du dossier de la procédure, d'inculper des personnes qui n'ont pas été renvoyées devant elle et, à la fin de son examen, de renvoyer les individus poursuivis devant la juridiction de jugement compétente »[186]. Si l'on s'en réfère à cette définition[187], il ne fait aucun doute que le mécanisme de révision constitue un solide rempart contre les dysfonctionnements et au-delà, les erreurs judiciaires.

Ce mécanisme, bien qu'il ne le définisse pas formellement, le code de procédure pénale l'encadre quant à ses conditions d'exercice et son contenu précis aux articles 202 et 204.

Dans ce cadre, la chambre de l'instruction reprend complètement l'instruction d'un dossier pour lequel est intervenue une ordonnance de clôture[188]. En recevant l'entier dossier de la procédure, elle est à même d'évaluer la pertinence des actes pris par le magistrat instructeur et d'en prendre d'autres afin d'éventuellement donner au dossier de la procédure

---

185 H. ANGEVIN, *La pratique de la chambre de l'instruction*, Litec, 2e éd., 2004, n° 142.

186 R. MERLE et A. VITU, *Traité de droit criminel, t. II Procédure pénale*, Cujas, 5e éd., 2001, n° 569.

187 D'autres auteurs en donnent une définition similaire, v. par ex. F. DESPORTES et C. LAZERGES-COUSQUER, *op. cit.*, n° 2144.

188 V. sur ce point, F.-L. COSTE, *op. cit.*, n° 304.

une orientation plus adaptée. Ce mécanisme, et cela semble évident, n'a pas pour vocation première de prévenir les erreurs judiciaires[189], néanmoins, s'il est utile afin de corriger les éventuelles erreurs de qualifications retenues par le juge d'instruction, et de compléter son travail sur le dossier, il l'est tout autant pour corriger d'éventuels dysfonctionnements à ce stade de la procédure. De plus, lorsque la chambre de l'instruction use de son pouvoir de révision, l'objet de sa saisine est général[190], lui conférant la possibilité d'intervenir sur l'ensemble du dossier. Cela fait donc bien du pouvoir de révision un instrument de contrôle, indirect, mais complet, du dossier de la procédure, rempart certain contre les dysfonctionnements menant à l'erreur judiciaire.

C'est encore l'efficacité du droit d'évocation dont dispose la chambre de l'instruction qu'il faut examiner.

2. La prévention de l'erreur judiciaire par l'exercice du droit d'évocation

Selon MM. Merle et Vitu l'évocation est une faculté qui permet à la chambre de l'instruction d'exercer indirectement son pouvoir de révision[191]. En effet, dans certains cas, le pouvoir de révision ne peut être mis en œuvre, notamment parce que la chambre n'est saisie que d'une partie du dossier. Pour réviser celui-ci, la chambre de l'instruction doit alors « briser le cadre d'une saisine trop étroite et élargir [ses] attributions (…) qui, autrement, seraient limitées (…)[192] ». Elle attire donc l'entier dossier à elle afin de pouvoir exercer les prérogatives issues du pouvoir de révision, à certaines conditions, prévues, dans ce cadre par certains textes du code de procédure pénale[193]. Ainsi, la chambre ne peut plus évoquer et traiter le dossier à la place du juge d'instruction en matière de détention provisoire, depuis une décision du Conseil constitutionnel du 17 décembre 2010[194].

---

[189] C. GUÉRY le définit comme un pouvoir « éminemment relatif, d'extension de l'information ; à des infractions non encore retenues (…), à des personnes ignorées jusqu'alors (…) », « effet dévolutif de l'appel et manifestation de la vérité : du prétendu pouvoir de révision de la chambre de l'instruction », *Dr. pén.* 2014, Étude 8, n° 27.

[190] C. GUÉRY, *art. préc.*, n° 3.

[191] R. MERLE, A. VITU, *op. cit.*, n° 572.

[192] R. MERLE, A. VITU, *op. cit.*, n° 569.

[193] V. art. 206, 207, 207-1, 221-1, 221-2 et 221-3 C. pr. pén. V. également les développements consacrés à ces conditions par F. DESPORTES et L. LAZERGES-COUSQUER, *op. cit.*, n° 2164.

[194] Cons. const., 17 décembre 2010, n° 2010-81 QPC, M. *Boubakar B.* [*Détention provisoire : réserve de compétence de la chambre de l'instruction*] ; *D.* 2011.2231,

En matière de prévention des erreurs judiciaires le droit d'évocation trouve tout autant sa place que le pouvoir de révision. Comme ce dernier, il ouvre la possibilité à la chambre de l'instruction de modifier l'orientation donnée au dossier par le juge d'instruction. Dans ce cadre elle peut ordonner un supplément d'information[195], étendre l'information pour les personnes déjà dans la procédure à d'autres chefs d'infraction[196] et même à des personnes qui n'y étaient pas[197]. En outre, elle peut à tout moment prononcer d'office la mise en liberté[198]. Cette dernière faculté présente un intérêt tout particulier pour la question de la prévention de l'erreur judiciaire et offre, à n'en pas douter, un rôle certain à la chambre de l'instruction pour remplir cette mission.

Par ailleurs, la loi n° 2004-204 du 9 mars 2004 *portant adaptation de la justice aux évolutions de la criminalité*[199] est venue combler une lacune et affiner ce mécanisme en instituant un système d'évocation « partielle » par lequel la chambre peut palier le refus d'un magistrat instructeur d'exécuter certains actes, en y procédant elle-même avant de renvoyer le dossier au magistrat instructeur qui en est en charge. Ce mécanisme permet à la chambre de l'instruction d'accéder provisoirement à l'ensemble du dossier de la procédure avant de le renvoyer au magistrat instructeur et opérer donc une redirection ponctuelle. Limitée dans ses conditions[200], l'évocation partielle, parfois vue comme un « diminutif du pouvoir de révision » ne respecte pas la logique de l'évocation qui est, rappelons-le, de permettre à la chambre de l'instruction de mener l'information jusqu'à son terme en lieu et place du juge d'instruction. Mais elle constitue une voie médiane fort intéressante dans la prévention des erreurs judiciaires en ce qu'elle permet à la chambre de l'instruction de récupérer le dossier pour mettre fin à certains dysfonctionnements sans pour autant assumer la charge de toute l'information. En effet, toute médaille a son revers, et celui de la révision et de l'évocation est d'ajouter à une juridiction déjà surchargée, la tâche d'assumer une instruction dans son ensemble.

---

obs. J. PRADEL ; *AJ pénal* 2011.140, obs. L. ASCENSI ; *RSC* 2012, p. 223, obs. B. DE LAMY ; *Procédures 2011*, comm. n° 38 et n° 74, obs. J. BUISSON.

[195] Art. 201 al. 1er et 205 C. pr. pén.

[196] Art. 202 C. pr. pén.

[197] Art. 204 C. pr. pén.

[198] Art. 201 al. 2 C. pr. pén.

[199] *JORF* du 10 mars 2004, p. 4567.

[200] L'évocation partielle n'est possible que dans trois cas énumérés par les textes : lorsque la chambre de l'instruction a infirmé une ordonnance du juge d'instruction, lorsqu'elle est saisie d'une demande d'acte portée directement devant elle ou lorsqu'elle est saisie aux fins d'examiner l'ensemble de la procédure, v. F. DESPORTES et L. LAZERGES-COUSQUER, *op. cit.*, n° 2168.

Il faut donc prendre garde de ne pas faire de la révision et de l'évocation une utilisation systématique qui aurait pour effet catastrophique de paralyser le fonctionnement de la chambre de l'instruction et ferait de ce mécanisme un remède, en définitive, pire que le mal.

B. Les pouvoirs d'examen d'un acte particuliers du dossier

Les pouvoirs de la chambre de l'instruction peuvent également porter sur un point particulier du dossier pénal. Il s'agit principalement du contentieux de l'appel des ordonnances du juge d'instruction, autrement appelé voie de réformation (1), ainsi que de la saisine de la chambre de l'instruction dans le cadre d'un recours en annulation (2).

1. La prévention de l'erreur judiciaire par le pouvoir de réformation

Comme nous l'avons vu précédemment, le droit d'appel devant la chambre de l'instruction est général pour le procureur de la République alors qu'il est limité pour les parties privées. Mais au-delà, il est à noter que l'article 186 du code de procédure pénale dispose que les parties privées ne sont pas libres de l'objet de leur appel, elles sont limitées à des ordonnances au contenu précis. Ainsi, la Chambre de l'instruction ne va statuer que dans les limites de l'objet légalement autorisé, conformément à l'adage *tantum devolutum quantum appellatum*[201].

En la matière, la théorie de l'unique objet de l'appel place l'objet avant la qualité de l'appelant. Ainsi, même l'appel d'un procureur de la République, ne peut porter que sur l'unique objet, en aucun cas sur l'entier dossier[202]. L'appel devant la Chambre de l'instruction ne peut pas être considéré que comme « un droit exceptionnel, qui ne comporte aucune extension »[203]. Le code de procédure pénale ne permet pas de faire juger des questions et des fins de non-recevoir étrangères à l'objet unique d'une ordonnance particulière.

Par conséquent, une partie privée qui décèlerait une erreur dans l'instruction, ne peut pas profiter d'un appel pour faire statuer la Chambre sur cette prétendue erreur. Par exemple, le mis en examen ne peut pas profiter de son appel sur une ordonnance de placement sous contrôle

---

[201] « Il n'est dévolu qu'autant qu'il est appelé », H. ROLAND et L. BOYER, *Adages du droit français*, Litec, 3e éd., p. 873.
[202] Cass. crim., 8 juin 2006, *JurisData* n° 2006-034230.
[203] Cass. crim., 6 janvier 1961.

judiciaire pour faire juger par la Chambre de l'instruction des contestations sur le bien-fondé des infractions qui lui sont reprochées[204].

Ainsi la théorie de l'unique objet de l'appel, malgré le fait qu'elle se justifie par d'autres considérations, pourrait permettre à une erreur de s'enraciner dans un dossier pénal.

Toutefois, avec le renforcement du filtre du président de la chambre d'instruction, cette théorie paraît s'amincir. L'alinéa 4 de l'article 173 du code de procédure pénale, issu de la loi du 5 mars 2007[205], permet d'écarter la théorie de l'unique objet lorsque la partie fait valoir un moyen de nullité qui l'affecte – puisque les actes susceptibles d'appel ne peuvent faire l'objet d'une requête en annulation – notamment en matière de détention provisoire ou de contrôle judiciaire. La théorie de l'unique objet de l'appel est donc limitée pour prévenir une erreur qui conduirait à une atteinte aux libertés. En ce sens, la prévention de l'erreur judiciaire est particulièrement soulignée dès lors que survient une détention provisoire. C'est bien la privation de liberté qui crée la gravité de l'erreur judiciaire en matière pénale. Les filtres permettant de prévenir une erreur judiciaire sont renforcés dès lors que la privation de liberté est en jeux.

2. La prévention de l'erreur judiciaire par le pouvoir d'annulation

La prévention d'une erreur judiciaire peut également opérer par le biais de l'annulation. L'article 170 du code de procédure pénale prévoit que « la Chambre d'instruction peut, au cours de l'information, être saisie aux fins d'annulation d'un acte ou d'une pièce de la procédure pénale par le juge d'instruction, par le procureur de la République ou par les parties ».

L'équilibre du code de procédure pénale permet aux parties de soumettre à la chambre d'instruction les moyens de nullité[206], tout en limitant ce droit dans le temps. Ainsi, l'instruction n'est plus contestable après une requête ponctuelle. Cette solution se comprend aisément par le principe de sécurité des procédures[207]. Il faut permettre au magistrat instructeur, après une requête, de reprendre une instruction sur des bases qui ne sont plus contestables. Malgré sa justification de sécurité juridique bien ancrée, la purge des nullités n'est-elle pas l'enracinement d'une erreur ?

---

[204] Cass. crim., 1er juin 1994, bull. n° 221.
[205] Loi n° 2007-291 du 5 mars 2007 précitée, art. 19 *JORF* 6 mars 2007 en vigueur le 1er juillet 2007.
[206] Art. 174 al. 1er C. pr. pén.
[207] S. GUINCHARD et J. BUISSON, *op. cit.*, n° 2303.

Certains semblent le penser, considérant notamment que la chambre d'instruction a le pouvoir de relever d'office des moyens de nullité, mais que cela n'est pas une obligation[208]. On peut à l'inverse considérer qu'il est dans l'essence même de la Chambre de l'instruction de chercher une éventuelle nullité à l'occasion d'une requête ponctuelle, en quelque sorte un devoir. Il est également à noter que la personne mise en examen dans deux informations disjointes reste recevable à soulever dans l'une de ces procédures des moyens de nullité portant sur des actes antérieurs à la disjonction, malgré la forclusion intervenue dans l'autre procédure[209].

L'annulation d'un acte doit être étendue aux autres actes de la procédure en cause lorsque ceux-ci ont un rapport de subséquence. La loi du 4 janvier 1993 a généralisé la possibilité d'étendre l'annulation aux actes subséquents, cette possibilité n'existait autrefois que pour certains actes[210]. Il convient donc de rechercher les actes qui ont un véritable rapport de causalité avec un acte annulé[211], autrement dit considérer l'acte annulé comme le « support nécessaire »[212] d'actes postérieurs. Ainsi, un acte ne doit pas pouvoir véhiculer des erreurs malgré son annulation. La chambre criminelle de la Cour de cassation opère un contrôle assez strict sur cette étendue de l'annulation d'un acte[213], tout en laissant les juges du fond souverains dans leur appréciation[214].

Il serait par ailleurs regrettable que l'on puisse faire référence à une erreur passée, pourtant annulée. Ainsi, le dernier alinéa de l'article 174 du code de procédure pénale évoque des « poursuites disciplinaires » pour les avocats ou magistrats qui utiliseraient des actes ou des pièces annulés pour en tirer des renseignements contre les parties à la procédure en cause. L'acte annulé doit donc être retiré, pour cela déposé au greffe. L'annulation ne peut être que partielle, l'acte est alors cancellé, technique consistant à rayer les passages annulés, les rendant illisibles, et ainsi éviter la simple lecture d'une potentielle erreur. Dans cette optique, la procédure prévue opère un équilibre certain pour la prévention de l'erreur.

---

208 V. en ce sens F. SAINT-PIERRE, « Les nullités : un contrôle efficace de la procédure ? », *AJP* 2005, p. 177.
209 Cass. crim., 22 novembre 2000, bull. n° 353.
210 Loi n° 93-2 du 4 janvier 1993 portant réforme de la procédure pénale.
211 Cass. crim., 4 juin 1969, *Bull. crim.* n° 186.
212 Cass. crim., 23 juin 1999, *JurisData* n° 002991.
213 Pour l'historique jurisprudentiel en la matière V. S. GUINCHARD et J. BUISSON, *op. cit.,* n° 2327.
214 Cass. crim., 15 avril 1991, *Bull. crim.* n° 179, *JCP* 1982, II, 21795, note W. JEANDIDIER.

La réforme des procédures de révision et de réexamen d'une condamnation pénale définitive

Alain TOURRET

Il ne peut y avoir d'État de droit sans autorité de la chose jugée. Mais c'est toute l'humanité qui souffre, c'est le corps social lui-même qui est atteint lorsqu'un innocent est en prison. Depuis toujours, avec Marc-Aurèle, Goethe, Voltaire, Zola, les consciences de l'humanité nous rappellent qu'il faut choisir entre une injustice et un désordre. Des combats acharnés ont été menés pour réhabiliter Calas, avec Voltaire, et Dreyfus, avec Zola. Le législateur s'est ému de ces situations et, depuis la Révolution et même depuis Louis XIV, ce sont six lois qui ont été votées, les dernières le 23 juin 1989 et le 15 juin 2000. Mais le législateur se heurte au mythe de l'infaillibilité de la justice. Et pourtant, c'est la justice elle-même qui se grandit en reconnaissant ses erreurs – car l'erreur est humaine et la perfection ne sera jamais de ce monde, quels que soient les progrès de la science et de la criminologie.

Nous sommes d'autant plus interpellés que le nombre de révisions est infime : huit depuis 1989 et neuf avec la décision rendue par la cour de révision dans l'affaire *Iacono* et ce en dépit d'un avis défavorable du parquet général, d'ailleurs conforme à la jurisprudence de la cour de révision, pour lequel une rétractation n'est pas un fait nouveau susceptible de créer un doute.

Georges FENECH – que je tiens à remercier ici publiquement et fortement pour le travail accompli – et moi-même avons proposé un rapport d'information sur la révision des condamnations pénales. Ce rapport a fait l'objet d'un vaste consensus et a été adopté à l'unanimité.

Cette proposition de loi touche à notre système judiciaire mais concerne surtout les innocents emprisonnés qui ont souffert dans leur chair alors qu'ils étaient innocents et ont été emprisonnés et, à ce titre, concourra au progrès de notre civilisation et de notre système judiciaire.

Comme l'écrivait le doyen CARBONNIER, « *ce qui donne au jugement sa pleine valeur [...], ce n'est pas d'être conforme à la vérité absolue (où est la vérité ?), c'est d'être revêtu par l'État d'une force particulière qui interdit de le remettre en question, parce qu'il faut une fin aux litiges, [...] ce qui garantit stabilité, sécurité et paix entre les hommes* ». Cependant, aussi forte qu'elle soit, la présomption de vérité qui s'attache aux décisions de justice doit s'effacer lorsqu'elle conduit à l'erreur judiciaire – erreur de fait ou de droit –, que celle-ci soit ou non imputable à un juge. Qui peut accepter de laisser en prison des innocents au seul motif que l'autorité de la chose jugée interdit de les disculper ou d'alléger leur peine ? Qui peut avoir foi et respect en une justice qui n'accepterait pas de reconnaître ses erreurs et ses défaillances ?

En France, deux voies distinctes et exceptionnelles permettent de revenir sur une décision erronée ou entachée d'un vice fondamental de procédure : la révision d'une condamnation pénale définitive en matière criminelle et délictuelle, lorsqu'une erreur de fait caractérisée est de nature à remettre en cause la culpabilité du condamné ; le réexamen d'une décision pénale définitive, lorsqu'une erreur de droit, tenant à la violation d'une disposition protégée par la Convention de sauvegarde des droits de l'homme et des libertés fondamentales, nécessite de rejuger la personne, indépendamment de toute considération sur sa culpabilité.

Le législateur a progressivement étendu les conditions dans lesquelles ces recours peuvent être formés. Auparavant cantonnés à des motifs objectifs et déterminés, ils se sont élargis pour mieux tenir compte du caractère relatif et contingent de la vérité judiciaire, du droit au procès équitable garanti par la Convention européenne des droits de l'homme et de la nécessité d'ouvrir ces recours à un plus large éventail de requérants.

Le recours en révision est la sédimentation d'évolutions juridiques opérées en 1800, 1808, 1813, 1867 et 1895, parachevées par la loi du 23 juin 1989 relative à la révision des condamnations pénales. Au fil des années, la révision s'est judiciarisée et s'ouvre désormais dans quatre hypothèses : l'inexistence de l'homicide, la découverte d'une condamnation inconciliable, la condamnation d'un témoin pour faux témoignage ou la révélation d'un fait nouveau ou d'un élément inconnu au jour du procès susceptibles de faire naître un doute sur la culpabilité du condamné.

Grâce à Jack LANG s'est récemment ajouté, depuis la loi du 15 juin 2000 renforçant la protection de la présomption d'innocence et les droits des victimes, le recours en réexamen, qui permet à une commission spécialisée d'ordonner le réexamen d'une condamnation prononcée en violation de la Convention européenne des droits de l'homme, dès lors que, par sa nature et sa gravité, la violation constatée entraîne pour le condamné des conséquences dommageables.

Malgré l'ouverture croissante des recours en révision et en réexamen, c'est paradoxalement un nombre stable de décisions pénales qui sont remises en cause. Sur les 3 171 requêtes en révision déposées depuis 1989, seules 51 ont abouti à l'annulation d'une condamnation pénale définitive, dont 9 seulement en matière criminelle. Si l'on ajoute les deux décisions obtenues après 1945, cela fait une affaire tous les dix ans ! En revanche, sur les 55 demandes de réexamen présentées depuis 2000, 31 ont abouti.

Chacun a à l'esprit le doute jeté sur la culpabilité du condamné dans certaines affaires, à commencer par l'affaire *Seznec*, dont l'adoption de notre proposition de loi aurait sans doute modifié l'épilogue, ce qui, en soi, justifie le travail que nous avons conduit, Georges Fenech et moi-même. Aujourd'hui, il est par trop difficile pour un requérant de bénéficier du doute nécessaire à la révision de son procès dès lors que la jurisprudence exige un doute sérieux, raisonnable, ébranlant les fondations intellectuelles sur lesquelles repose sa condamnation. Autrement dit, les juges réclament qu'on leur désigne un coupable, mais est-ce à l'innocent condamné de le faire ?

La procédure d'examen des requêtes en révision elle-même donne au justiciable l'impression que plusieurs organes se prononcent sur sa demande, sans se partager clairement les rôles et en se contredisant parfois. La commission de révision des condamnations pénales, chargée en principe d'instruire et d'écarter les demandes en révision irrecevables, exerce dans les faits un filtrage sévère des requêtes en statuant sur la nature du fait nouveau ou de l'élément inconnu au jour du procès et sur son importance au regard de la culpabilité du condamné. La chambre criminelle statuant comme cour de révision, sans que soient déterminés au préalable ceux des magistrats qui y siègent, est en principe seule compétente pour statuer sur le fond. Elle statue sur les demandes dont elle est saisie par la commission de révision, au risque de contredire parfois l'appréciation formulée par cette dernière sur leur bien-fondé – on l'a vu récemment dans l'affaire *Leprince*.

À la rigueur de la jurisprudence et à la confusion qui caractérise la procédure en révision s'ajoutent les obstacles matériels qui empêchent les juges, dans l'incapacité d'exploiter des scellés perdus ou prématurément détruits et de connaître la motivation circonstanciée de l'arrêt de cour d'assises, d'apprécier le caractère nouveau ou inconnu au jour du procès de l'élément invoqué.

Tous les avis rendus par la Cour de cassation depuis une dizaine d'années nous invitent à modifier la loi. Il s'agit, en premier lieu, de consolider les conditions d'exercice du recours en révision. D'un point de vue matériel, l'allongement, à la demande du condamné, de la durée de conservation des scellés criminels, au-delà des six mois actuellement prévus, et la systématisation de l'enregistrement sonore des débats devant les cours d'assises permettront aux juges saisis d'une demande en révision de mieux l'instruire en déterminant plus facilement la réalité du fait nouveau ou de l'élément inconnu au jour du procès invoqué par un requérant.

Du point de vue procédural, les prérogatives du condamné seront renforcées afin de lui permettre de demander la réalisation d'actes préalablement au dépôt d'une demande en révision ou au cours de l'instruction de celle-ci. La liste des personnes fondées à former un recours sera également élargie aux concubins, aux personnes pacsées et aux petits-enfants du condamné, ainsi qu'au procureur général.

En deuxième lieu, il est indispensable de clarifier et de simplifier les procédures en révision et en réexamen, tout en maintenant leurs spécificités. Avec l'accord du Premier président de la Cour de cassation, la commission de révision des condamnations pénales, la cour de révision et la commission de réexamen dont la coexistence ne se justifie pas seront fusionnées en une cour de révision et de réexamen unique, chargée d'examiner indifféremment les demandes en révision et en réexamen. Sa composition sera clairement établie par la loi afin de rendre ses décisions incontestables et impartiales ; ses pouvoirs d'investigation seront renforcés pour les aligner sur ceux du juge d'instruction.

En son sein seront créées deux formations distinctes, l'une consacrée à l'instruction, l'autre affectée au jugement des demandes. La commission d'instruction sera chargée de mettre en état les affaires et de se prononcer sur la recevabilité objective de la requête. Il est proposé de maintenir un filtrage des requêtes afin d'éviter tout engorgement de la formation de jugement, mais ce filtrage sera expressément cantonné à l'examen objectif de la réalité du fait nouveau ou de l'élément inconnu. La formation de jugement saisie des demandes recevables statuera au fond et sera seule compétente pour apprécier l'importance du doute généré par le fait nouveau ou par l'élément inconnu sur la culpabilité du condamné.

En dernier lieu, ce texte améliore la rédaction des cas d'ouverture du recours en révision afin que le doute bénéficie au condamné. L'économie générale du recours en révision est maintenue, conformément aux conclusions de la mission d'information que vous avez adoptées. Ainsi, les contraventions seront exclues de ce dispositif qui concerne les condamnations les plus graves et infamantes et n'a pas vocation à s'ouvrir à un tel contentieux de masse.

La révision des décisions d'acquittement n'est pas envisagée, tant elle est étrangère à l'histoire et à la nature du recours en révision, instauré en faveur du condamné, et constitue une dérogation trop importante au principe *non bis in idem* conventionnellement et constitutionnellement encadré.

L'article 3 de la proposition de loi rétablit la mention de l'innocence du condamné parmi les motifs susceptibles de permettre la révision d'un procès pénal. Ce motif, qui avait été incidemment supprimé en 1989, est nécessaire lorsqu'aucune incrimination ne subsiste à la charge du condamné.

Enfin, et c'est un point essentiel, le législateur vient expressément préciser que le doute sur la culpabilité du condamné devra entraîner la révision de la condamnation pénale, en lieu et place du doute sérieux jusqu'alors exigé par la jurisprudence qui n'a jamais admis le simple doute. Il s'agit là d'un signal clair envoyé par le législateur aux magistrats afin de relativiser, sans l'anéantir, la présomption de culpabilité qui pèse sur le condamné en matière de révision. L'Assemblée nationale a tenu à préciser que, par « *doute* », elle entendait « *le moindre doute* ».

L'Assemblée nationale a adopté à l'unanimité la proposition de loi sur la réforme des procédures judiciaires permettant de corriger les erreurs judiciaires. Le texte fut adopté par le Sénat qui modifia certaines de ses dispositions.

Le texte de l'Assemblée revu par le Sénat a été lui-même voté à l'unanimité et sans aucune modification. Il est donc désormais une loi de la République. Un tel consensus en aussi peu de temps est exceptionnel et restera dans les annales de la législation.

La réparation des conséquences de l'erreur judiciaire[215]

Jean-Baptiste PERRIER

« La justice est faillible, car elle est humaine »[216]. Ces quelques mots rappellent ce risque inhérent à la justice, celui de l'erreur. Dans la matière pénale, plus que dans toute autre matière, ce risque d'erreur est insupportable, compte tenu des conséquences attachées à une condamnation.

Ce risque d'erreur est insupportable… il semble aussi inévitable. Cela étant, aussi inévitable puisse-t-il être, il n'est en rien une fatalité. La justice doit s'employer à lutter contre l'erreur judiciaire, en cherchant à la prévenir, comme cela a déjà été vu[217]. Toutefois, lorsqu'elle n'a pu la prévenir, la justice doit réparer les conséquences de son erreur.

Il ne s'agit plus de corriger l'erreur, de la rectifier, mais bien d'en réparer les conséquences. Certes, la révélation de l'erreur commise, qu'elle soit de fait (c'est la révision) ou de droit (c'est le réexamen), permet de rétablir la vérité ; mais ce rétablissement de la vérité ne suffit pas à effacer toutes les conséquences de l'erreur.

Au-delà de la rectification de l'erreur, il s'agit donc de voir de quelles possibilités disposent les personnes injustement condamnées pour obtenir la réparation, l'indemnisation des conséquences de l'erreur. Plus que d'une simple possibilité, il s'agit ici d'une véritable exigence, une exigence d'équité, de justice, car la justice n'est respectée que si elle est respectable.

Cette exigence de justice conduit à réparer une injustice, et « l'injustice dont nous parlons ici n'est pas celle du cœur ; elle est celle du système »[218]. Il y a injustice parce que la justice, en tant qu'institution, s'est trompée ; la justice, en tant que principe, commande alors de réparer cette injustice.

---

[215] Le style oral de cette contribution a, dans une certaine mesure, été conservé.
[216] R. Badinter, interview donnée au quotidien *Le progrès*, 9 juillet 2006. Expression reprise lors d'une autre entrevue, 18 septembre 2011.
[217] Outre cet ouvrage, v. également sur ce point, F. Bussy, « L'erreur judiciaire », *D.* 2005, p. 2552 ; C. Lazerges, « Réflexions sur l'erreur judiciaire », *RSC*, 2006, p. 709.
[218] A. Giudicelli, « L'indemnisation des personnes injustement détenues ou condamnées », *RSC*, 1998, p. 11.

L'indemnisation des conséquences de l'erreur est donc une exigence de justice, mais elle est aussi une exigence conventionnelle. En effet, l'article 3 du protocole n° 7 à la Convention européenne des droits de l'homme prévoit expressément que « lorsqu'une condamnation pénale définitive est ultérieurement annulée, ou lorsque la grâce est accordée, parce qu'un fait nouveau ou nouvellement révélé prouve qu'il s'est produit une erreur judiciaire, la personne qui a subi une peine en raison de cette condamnation est indemnisée, conformément à la loi ou à l'usage en vigueur dans l'État concerné, à moins qu'il ne soit prouvé que la non-révélation en temps utile du fait inconnu lui est imputable en tout ou en partie ».

Le principe est posé[219], mais il a dû être précisé et rappelé, par la Cour de Strasbourg, dans un arrêt du 12 juin 2012, concernant l'Arménie. Le juge européen a en effet dû indiquer que si ce texte prévoit que la personne qui a subi une peine en raison d'une telle condamnation est indemnisée, conformément à la loi ou à l'usage en vigueur dans l'État concerné, cette référence à la loi ou à l'usage en vigueur « ne signifie pas qu'aucune indemnité ne doit être versée lorsque le droit ou la pratique internes ne le prévoient pas »[220]. Heureuse précision de la Cour européenne, qui rappelle que la référence aux prévisions internes ne saurait permettre… l'absence d'indemnisation du fait de l'absence de prévisions internes.

L'indemnisation de l'erreur judiciaire est donc une exigence humaine *et* conventionnelle.

Face à de telles exigences, l'on peut se satisfaire de l'existence, en droit français, de dispositifs permettant à la personne injustement condamnée de demander l'indemnisation du préjudice matériel et moral que la condamnation lui a causé. Cela étant, si des dispositifs existent, la question demeure de savoir si cette indemnisation est bien une réparation, si elle permet de replacer les parties dans l'état antérieur, dans la situation où elles se trouvaient avant l'erreur. Poser la question, c'est y répondre : à l'évidence non.

C'est la raison pour laquelle après avoir présenté les dispositifs permettant d'indemniser les conséquences de l'erreur judiciaire (**I**), il sera possible de s'interroger sur leur suffisance (**II**).

---

[219] La Cour le vise souvent aux côtés de l'article 5, § 5, de la Convention qui prévoit que « toute personne victime d'une arrestation ou d'une détention dans des conditions contraires aux dispositions de cet article a droit à réparation », règle dont l'effectivité est assurée par l'article 13.

[220] CEDH, 3e sect., 12 juin 2012, *Poghosyan et Baghdasaryan c/ Arménie*, req. n° 22999/06, § 51.

I. L’existence de dispositifs d’indemnisation des conséquences de l’erreur

Il est possible de relever ici deux dispositifs d’indemnisation : une responsabilité pour faute d’une part (**A**), et une indemnisation sans faute d’autre part (**B**).

A. L’indemnisation fondée sur la faute

Concernant l’indemnisation fondée sur la faute, puisqu’il s’agit ici de *réparer* un préjudice, il n’est pas surprenant d’observer qu’il existe, au profit de la personne qui serait victime d’une erreur judiciaire, une possibilité d’engager la responsabilité de l’État du fait du fonctionnement du service de la justice. Cette possibilité, spécifique à l’œuvre de justice mais non spécifique à l’erreur judiciaire, est prévue par les articles L. 141-1 et suivants du code de l’organisation judiciaire, et l’on distingue selon qu’il s’agit d’engager la responsabilité directe (**1**) ou la responsabilité indirecte (**2**) de l’État.

1. Concernant d’abord la responsabilité directe de l’État, l’article L. 141-1 du code de l’organisation judiciaire prévoit que « l’État est tenu de réparer le dommage causé par le fonctionnement défectueux du service de la justice. Sauf dispositions particulières, cette responsabilité n’est engagée que par une faute lourde ou par un déni de justice ».

Au titre de cette responsabilité, sont concernées toutes les juridictions judiciaires, et donc les juridictions répressives ; sont en revanche exclues les juridictions administratives. De l’autre côté, sont concernés les usagers du service public de la justice judiciaire, comme la Cour de cassation l’a précisé dans un arrêt du 21 décembre 1987[221] ; il s’agit ici des parties au procès judiciaire ou les personnes visées par la procédure.

Ratione materiae, cette responsabilité peut être engagée à la suite d’un dysfonctionnement du service public de la justice, dysfonctionnement contenu dans un acte juridictionnel. La catégorie des actes juridictionnels est ici entendue de manière extensive et elle englobe les décisions à caractère contentieux ou gracieux, rendues par un organe collégial ou par un magistrat unique, pour l’instruction ou pour le jugement d’un litige.

---

[221] Cass. civ. 1re, 21 décembre 1987, *Bull. civ.* I, n° 347 ; l’expert requis n’est donc pas un usager.

Il n'y a donc aucune difficulté à considérer qu'une personne condamnée par erreur est bien un usager du service public de la justice et qu'elle peut donc engager la responsabilité de l'État pour une décision de condamnation qui serait erronée.

La difficulté réside en réalité sur la faute devant être constatée pour engager la responsabilité de l'État : selon les termes de l'article L. 141-1, « sauf dispositions particulières, cette responsabilité n'est engagée que par une faute lourde ou par un déni de justice ».
S'agissant de la réparation de l'erreur judiciaire, le déni de justice ne saurait être constaté ; il y a eu décision, et c'est bien le problème. Seule une faute lourde peut donc permettre à une personne condamnée à tort d'engager la responsabilité de l'État.

En cette matière, une définition de la faute lourde a été proposée par l'Assemblée plénière, dans un arrêt *Bolle-Laroche* du 23 février 2001[222]. Selon la Cour, constitue une faute lourde « toute déficience caractérisée par un fait ou une série de faits traduisant l'inaptitude du service public de la justice à remplir la mission dont il est investi ».
L'appréciation du juge judiciaire est ainsi plus large que celle du juge administratif, résultant de l'arrêt *Darmont* du 29 décembre 1978[223], et elle permet de sanctionner la lenteur excessive de l'examen d'une affaire, ou les erreurs commises lors de l'orientation de la procédure.

Face à une erreur judiciaire, une faute lourde pourrait être retenue à la suite notamment de l'examen bâclé d'une affaire, qui aurait conduit à commettre une erreur. Cela étant, il a pu être vu que les causes de l'erreur judiciaire ne sont pas nécessairement fautives, et certainement pas lourdement fautives.

Dès lors, le domaine de la responsabilité directe de l'État pour dysfonctionnement de la justice ne permet pas d'appréhender toutes les situations à l'origine de l'erreur commise ; il en va de même s'agissant de la responsabilité indirecte.

2. Soumise jusqu'en 1972 au mécanisme de la prise à partie, la responsabilité indirecte est aujourd'hui prévue par les articles L. 141-2 et L. 141-3 du code de l'organisation judiciaire. Le premier de ces textes

---

222 Cass. Ass. Plén., 23 février 2001, *Bull. Ass. Plén.* n° 5 ; *AJDA*, 2001, p. 788, note S. Petit ; *D.* 2001, p. 1752, note C. Debbasch.
223 CE, Ass. 29 décembre 1978, *Darmont*, n° 96004, *D.* 1979, p. 278, note M. Vasseur ; *RDP*, 1979, p. 1742, note J.-M. Auby.

prévoit la responsabilité des juges, le second prévoit les hypothèses où les juges peuvent être pris à partie, et vise le dol, la fraude, la concussion, la faute lourde ou le déni de justice. L'article L. 141-3 précise enfin que « l'Etat est civilement responsable des condamnations en dommages et intérêts qui sont prononcées à raison de ces faits contre les juges, sauf son recours contre ces derniers ».

L'action récursoire de l'État mise à part[224], l'on constate donc qu'il s'agit d'une responsabilité indirecte, laquelle vise des comportements plus larges, quoique l'on puisse se demander si la concussion, la fraude ou le dol ne relèvent pas de la faute lourde.

Dans l'ensemble de ces hypothèses, l'État est civilement responsable. Toutefois, de nouveau, l'erreur judiciaire est plus spécifique que ces hypothèses de fautes des juges. Le déni de justice n'est, une fois encore, pas envisageable, et il faut espérer que l'erreur judiciaire ne soit pas le fruit d'une fraude, d'un dol ou d'une concussion. Reste alors seulement la faute lourde, et l'on peut ici faire la même observation que précédemment.
La faute lourde, qu'elle entraîne la responsabilité directe ou indirecte de l'État, ne permet pas d'envisager toutes les hypothèses ayant donné naissance à une erreur judiciaire.

Une erreur judiciaire peut ne pas être fautive, du moins, pas au sens que donne l'arrêt *Bolle* à la notion de faute lourde. Pourtant, il paraît insupportable de ne pas réparer une erreur, de ne pas réparer les conséquences d'une condamnation prononcée par erreur, au seul motif qu'elle ne résulte pas d'une faute lourde. Il faut donc se féliciter de l'existence d'un mécanisme d'indemnisation sans faute.

B. L'indemnisation sans faute

Reconnu très tôt, dès 1788, le droit à réparation des victimes des erreurs judiciaires a dû longtemps patienter avant d'être effectif. Il a fallu attendre une loi du 8 juin 1895 pour qu'une procédure de réparation des dommages causés par une erreur judiciaire soit mise en place[225]. Le principe fut ensuite codifié, à l'article 626 du code de procédure pénale, qui concernait spécifiquement la réparation d'une erreur judiciaire à la suite

---

[224] L'on soulignera simplement, avec d'autres, le fait que cette action récursoire « n'est en pratique que rarement engagée », H. Adida-Canac, « L'erreur du juge : entre réparation, indemnisation et responsabilité », *D.* 2009, p. 1288.
[225] Sur l'historique, v. notamment M. Grendel, « Commentaire de la loi n° 89-431 du 23 juin 1989 relative à la révision des condamnations pénales », *D.* 1990, p. 79, n° 20 et s.

d'une révision, là où les précédents dispositifs ne se limitaient pas à cette hypothèse. Modifiée par la loi du 23 juin 1989, la procédure a ensuite été étendue au réexamen, par la loi du 15 juin 2000, l'article 626-7 renvoyant à l'article 626.

La principale modification résulte de la loi du 30 décembre 2000[226], qui a aligné le régime d'indemnisation prévue en matière d'erreur sur celui prévu en matière d'indemnisation de la détention provisoire abusive, prévoyant ainsi un mécanisme d'indemnisation quasi automatique pour les personnes condamnées à tort. La loi du 30 décembre 2000 a également consacré un « droit à réparation intégrale du préjudice matériel et moral que lui a causé la condamnation », conduisant certains à considérer qu'il s'agit « d'un système de garantie sociale et non plus de responsabilité »[227].

La dernière modification résulte de la loi du 20 juin 2014[228]. L'indemnisation des conséquences de l'erreur judiciaire est désormais prévue, depuis le 1er octobre 2014, par l'article 626-1, texte commun aux deux procédures (révision et réexamen). La loi du 20 juin 2014 n'a toutefois pas modifié le dispositif, l'indemnisation est toujours prévue (**1**), et la procédure applicable est toujours celle prévue pour l'indemnisation de la détention provisoire injustifiée (**2**). Il est néanmoins possible d'observer certaines différences entre ces deux mécanismes.

1. Sur le principe de l'indemnisation d'abord, selon l'article 626-1, nouveau, « un condamné reconnu innocent à la suite d'une révision ou d'un réexamen accordé en application du présent titre a droit à réparation intégrale du préjudice matériel et moral que lui a causé la condamnation ».

La première condition, pour obtenir la réparation du préjudice résultant d'une erreur judiciaire est donc la reconnaissance de l'innocence à la suite d'une révision ou d'un réexamen. Nécessairement, la modification de la procédure de révision va avoir un impact, *in fine*, sur les demandes d'indemnisation, qui pourraient être plus fréquentes si les procédures de révisions sont plus fréquentes.

---

[226] Loi n° 2000-1354 du 30 décembre 2000 tendant à faciliter l'indemnisation des condamnés reconnus innocents et portant diverses dispositions de coordination en matière de procédure pénale, *JORF* du 31 décembre 2000, p. 21191.

[227] P. Combeau, « Responsabilité du fait des services judiciaires et pénitentiaires », *J-Cl. Adm.*, fasc. 900, n° 53.

[228] Loi n° 2014-640 du 20 juin 2014 relative à la réforme des procédures de révision et de réexamen d'une condamnation pénale définitive, *JORF* du 21 juin 2014, p. 10209.

L'on notera surtout que la réparation intégrale du préjudice matériel et moral causé par la « condamnation » (art. 626-1) ou causé par la « détention » (art. 149) ne sont pas la même chose, la première hypothèse étant plus large que la seconde. S'agissant de l'erreur judiciaire, le choix a été fait de ne pas limiter la réparation à la seule réparation de la privation de liberté, mais d'appréhender plus largement les conséquences de l'erreur.

La possibilité d'une indemnisation des conséquences de l'erreur judiciaire est ainsi consacrée, sans ambiguïté ; elle connaît toutefois une limite importante. En effet, l'article 626-1 prévoit, comme par le passé, qu'« aucune réparation n'est due lorsque la personne a été condamnée pour des faits dont elle s'est librement et volontairement accusée ou laissée accuser à tort en vue de faire échapper l'auteur des faits aux poursuites ».

La raison de cette exclusion se comprend et elle n'est pas sans faire écho à l'idée d'une faute de la victime, limitative ou exclusive de réparation dans le droit commun de la responsabilité. L'on notera toutefois que le droit à réparation intégrale du condamné reconnu innocent n'est exclu que dans cette hypothèse, uniquement lorsque la personne a été condamnée pour des faits dont elle s'est librement et volontairement accusée ou laissée accuser à tort, alors que cette hypothèse n'est que l'un des ces cinq cas d'exclusion prévus en matière de détention provisoire par l'article 149 du code procédure pénale[229].

S'agissant de l'erreur judiciaire et des personnes pouvant agir, l'article 626-1 poursuit en indiquant que « peut également demander une réparation, dans les mêmes conditions, toute personne justifiant du préjudice que lui a causé la condamnation ».

Le droit à réparation intégrale est donc largement ouvert. Alors qu'en matière de détention provisoire, la demande de réparation ne peut émaner que de l'intéressé lui-même, c'est-à-dire que de la personne détenue,

---

[229] S'agissant de la réparation de la détention provisoire abusive, l'article 149 prévoit en effet que, outre le fait que le détenu se soit accusé ou laissé accuser à tort en vue de faire échapper l'auteur des faits aux poursuites, aucune réparation n'est due lorsque la décision de relaxe, d'acquittement ou de non-lieu a pour seul fondement la reconnaissance de l'irresponsabilité au sens de l'article 122-1 du code pénal. Il en va de même si cette décision résulte d'une amnistie postérieure à la mise en détention provisoire, ou de la prescription de l'action publique intervenue après la libération de la personne. Enfin, et assez logiquement, aucune indemnisation n'est due lorsque la personne était dans le même temps détenue pour une autre cause. Sur ces différentes causes d'exclusion, v. D. Luciani-Mien, « Indemnisation des détentions provisoires abusives », *AJ Pénal*, 2011, p. 338.

s'agissant de la réparation de l'erreur judiciaire, la procédure est ouverte non seulement au condamné reconnu innocent, mais aussi à toute personne justifiant du préjudice que lui a causé la condamnation, ce qui permet d'inclure le préjudice matériel et moral subi notamment par les proches de l'intéressé.

L'on peut regretter que le législateur du 20 juin 2014 n'ait pas saisi l'occasion d'harmoniser les dispositions sur la détention provisoire sur ce point, car la privation de liberté, qu'elle soit provisoire ou qu'elle résulte d'une erreur, n'en affecte pas moins les proches de la personne privée de liberté.

Ainsi, dès les conditions, des différences sont visibles entre ces deux mécanismes d'indemnisation, alors que, pourtant, l'article 626-1 renvoie aux articles 149-2 et suivants. D'autres différences s'observent encore, s'agissant de la procédure prévue.

2. Sur la procédure d'indemnisation, en matière d'erreur judiciaire, la décision peut émaner du premier président de la cour d'appel dans le ressort de laquelle réside l'intéressé. L'on retrouve alors la procédure applicable à la réparation de la détention provisoire injustifiée.

Dans cette hypothèse, la demande en réparation doit être présentée au premier président de la cour d'appel dans le délai de six mois suivant la décision reconnaissant l'innocence (l'acquisition de son caractère définitif en réalité). L'article 626-1, alinéa 3, indique que, pour l'évaluation du préjudice, « à la demande de l'intéressé, le préjudice est évalué par expertise contradictoire ». Le premier président statue dans un délai de six mois[230], et selon l'article 149-2, les débats ont lieu en audience publique, sauf opposition du requérant. La décision rendue peut faire l'objet, dans les dix jours de sa notification, d'un recours devant la Commission nationale de réparation des détentions, placée auprès de la Cour de cassation ; les décisions de la Commission nationale ne sont, elles, susceptibles d'aucun recours

Au-delà de la procédure prévue par les articles 149-2 et suivant, l'indemnisation peut aussi être allouée à l'intéressé par la décision dont résulte son innocence, si ce dernier en a fait préalablement la demande[231].

---

[230] Sur ses pouvoirs, Comm. nat. répar. dét., 5 mars 2012, n° 11 CR0 59, *Bull. crim.* 2012, n° 2.

[231] Devant la cour d'assises, la réparation est allouée par la cour statuant, comme en matière civile, sans l'assistance des jurés.

Cette autre possibilité présente l'avantage indéniable de permettre une réparation plus précoce, directement octroyée par la juridiction retenant l'innocence ; mais elle présente l'inconvénient de faire obstacle à une bonne connaissance des montants des réparations octroyées[232], ce qui est pourtant utile pour l'appréhension de cette problématique.

L'indemnisation est donc prévue, mais il convient d'observer que les critères en restent flous : une réparation intégrale, ouverte à l'intéressé, c'est-à-dire le condamné reconnu innocent, ainsi qu'à toute personne justifiant d'un préjudice causé par la condamnation.
Une réparation intégrale ? De quoi s'agit-il ? Il ne s'agit donc pas seulement la détention, mais alors, comment réparer des années de vie ? Le préjudice matériel comprend-il l'intégralité des revenus que l'intéressé a perdu ? Doit-on appliquer les critères de la perte de chance ? Beaucoup de questions en suspens, qui invite alors à s'interroger sur la suffisance des dispositifs d'indemnisation.

II. La suffisance des dispositifs d'indemnisation des conséquences de l'erreur judiciaire ?

La présentation des dispositifs permettant à une personne condamnée à tort d'obtenir réparation de son préjudice fait naître quelques réflexions sur ces dispositifs, et sur leur efficacité. Sont-ils suffisants pour « réparer » les conséquences dommageables de la condamnation injustifiée ? Avant de répondre à cette question, il convient rapidement d'observer que les deux dispositifs ne sont pas exclusifs l'un de l'autre. La suffisance doit donc être appréhendée au regard de ce cumul permis, lequel semble néanmoins inutile (**A**), et qui invite à rechercher des pistes de renforcement, d'amélioration (**B**).

A. L'inutile cumul permis

S'agissant du cumul permis, entre la responsabilité pour faute d'un côté et l'indemnisation sans faute de l'autre, il s'agit de voir comment celui-ci est prévu (**1**), avant d'en souligner l'inutilité (**2**).

---

[232] Sur cette observation, v. S. Cimamonti et J.-B. Perrier, « L'erreur judiciaire en matière pénale - Réflexions conclusives », *Problèmes actuels de sciences criminelles*, vol. XXV, 2014, p. 139 et s., spéc. p. 143.

1. S'agissant d'abord de la prévision de ce cumul, l'article 626-1 du code de procédure pénale commence par indiquer que le dispositif prévu par lui n'exclut pas celui des articles L. 141-1 et suivants du code de l'organisation judiciaire.
Ainsi, quoiqu'ayant saisi le premier président de la cour d'appel ou ayant fait une demande en ce sens devant la juridiction saisie à la suite de la décision de révision ou de réexamen, la personne injustement condamnée ne perd pas le droit d'invoquer le bénéfice de l'article L. 141-1 du code de l'organisation judiciaire (la responsabilité directe pour dysfonctionnement de la justice) et des articles L. 141-2 et L. 141-3 (la responsabilité indirecte pour faute personnelle des juges).

L'intéressé pourrait donc obtenir réparation des conséquences de la condamnation, sur le fondement de l'article 626-1 du code de procédure pénale, mais aussi la réparation des chefs de préjudice non réparés, sur le fondement des dispositions du code de l'organisation judiciaire. Le cumul est donc prévu… mais il semble inutile.

2. En effet, l'article 626-1 visant la « réparation intégrale du préjudice matériel et moral » causé par la condamnation, l'on voit difficilement quels pourraient être les chefs de préjudice qui n'auraient pas déjà été réparés… au titre de cette réparation intégrale.

Une telle considération ne se retrouve pas en matière de détention provisoire, puisque seule la « détention » est indemnisée, ce qui laisse la possibilité d'indemniser d'autres chefs de préjudice en cas de dysfonctionnement. Mais en matière d'erreur judiciaire, toutes les conséquences de l'erreur semblent être déjà réparées par l'application de la procédure prévue par l'article 626-1.

Le cumul paraît donc inutile ; il semble également hypothétique. En effet, en matière d'erreur judiciaire, seule la faute lourde permet de recourir aux deux cas de responsabilité prévus par les articles L. 141-1 et suivants. Or, le champ de la faute lourde est bien plus restrictif que celui de l'indemnisation sans faute de l'article 626-1 ; dans de nombreuses hypothèses, l'article 626-1 permet une indemnisation là où une faute lourde ne pourrait être retenue[233].

---

[233] C'est d'ailleurs tout l'intérêt de la procédure prévue par l'article 626-1, permettre une indemnisation spécifique à l'erreur judiciaire, pour ne pas lier celle-ci à l'existence d'une faute et tendre vers une automaticité.

Un cumul permis, mais un cumul inutile et hypothétique. Il ne s'agit pour autant d'appeler à la suppression de cette possibilité, qui existe sans doute en raison du parallélisme voulu vis-à-vis de l'article 149, applicable à la réparation de la détention provisoire injustifiée. Il s'agit toutefois d'observer que la question de la suffisance des dispositifs prévus ne saurait trouver une réponse dans cette possibilité de cumul.

Dès lors, c'est bien au regard de la procédure prévue par l'article 626-1, hypothèse spécifique à l'erreur judiciaire et au champ d'application large, qu'il convient d'apprécier la suffisance de la réparation, et d'appeler à certaines évolutions, à un renforcement.

B. L'opportun renforcement du dispositif

La question de la suffisance du dispositif conduit à s'interroger sur ce qui fait défaut, et qui pourrait être amélioré. Sur ce point, deux observations peuvent être faites, la première sur l'effectivité (**1**), la seconde sur l'efficacité (**2**).

1. La première observation que l'on peut faire, en s'interrogeant sur la suffisance du dispositif, porte sur son effectivité. Comme souvent s'agissant de l'effectivité d'un droit, cette question revient à s'interroger sur la connaissance qu'a l'intéressé de son droit et de sa possibilité de solliciter une réparation du préjudice causé par la condamnation erronée.

L'on observe alors sur ce point que, sous réserve de l'hypothèse où l'indemnisation a déjà été sollicitée devant la juridiction saisie de la révision ou du réexamen, la personne innocentée n'est pas nécessairement informée de sa possibilité de saisir le premier président de la cour d'appel pour obtenir réparation du préjudice subi.

Sur ce point, il est regrettable que le législateur n'ait pas imposé, comme en matière de détention provisoire[234], d'informer l'intéressé quant à l'existence de cette voie de réparation, l'information pouvant être délivrée lors de la notification à l'intéressé de la décision retenant l'innocence. L'effectivité pourrait aisément être renforcée en assurant cette information.

2. La seconde observation que l'on peut faire, et l'on retrouve une question qui s'est immédiatement posée, est celle de l'efficacité, de la possibilité d'atteindre l'objectif fixé, à savoir la réparation des conséquences de l'erreur judiciaire.

---

[234] Art. R. 26 du code de procédure pénale.

La réparation de l'erreur judiciaire est appréhendée, principalement, sous l'angle de l'indemnisation, les termes étant d'ailleurs souvent utilisés comme des synonymes. Il n'y a ici rien de spécifique à l'erreur judiciaire, d'une façon générale, la réparation est souvent une réparation financière[235].

Toutefois, sans être spécifique, la question de la suffisance du dispositif conduit à s'interroger sur la suffisance d'une réparation financière. À l'évidence, le versement de dommages et intérêts est bien insuffisant pour faire disparaître les conséquences dommageables d'une erreur judiciaire.

Certes, l'article 626-1 permet à l'intéressé de demander l'affichage de la décision d'où résulte l'innocence, dans différents lieux ainsi que son insertion au Journal officiel et sa publication par extraits dans la presse, afin de « réparer » la réputation du condamné à tort. Une telle prévision est utile et elle permet sans doute d'assurer plus efficacement la disparition des conséquences dommageables, en assurant la publicité de la rectification de l'erreur.

Une telle prévision est utile, mais elle reste insuffisante pour deux raisons.

La première, et cela pourrait aisément être corrigée, est qu'il ne s'agit que d'une faculté. Si l'intéressé ne la demande pas[236], la publicité de la décision d'innocence n'est pas assurée. Or, à une indemnisation quasi automatique devrait, peut-être, correspondre une rectification tout aussi automatique. Il serait sans doute opportun de prévoir, par principe, l'affichage et la publication de la décision, voire une publicité plus large, et de ne l'écarter que lorsque l'intéressé en fait la demande.

La seconde raison de l'insuffisante efficacité, et celle-ci ne semble pouvoir être corrigée, est que cet affichage, cette publicité, s'ils permettent de rectifier l'erreur, de rétablir la vérité, n'en font pas pour autant disparaître totalement le trouble qu'avait causé la condamnation.
Les dommages et intérêts versés n'en font pas disparaître le préjudice, ils ne rendent pas les années perdues.

---

[235] Certaines visent encore la réparation « pécuniaire », v. H. Angevin et M. Fourcade, « Demandes en révision », *J-Cl. Proc. Pén.*, Fasc. 20, n° 236 et s.

[236] De nouveau, l'on se demande ici dans quelle mesure il est informé de cette possibilité.

C'est la raison pour laquelle, plutôt que de *réparation*, il semble plus juste de parler d'indemnisation[237] ; le premier sentiment se confirme.

Ainsi, en prévoyant la réparation du préjudice matériel et moral qu'a causé la condamnation, l'article 626-1 du code de procédure pénale prévoit un simple mécanisme d'indemnisation. Le mécanisme est louable, mais il présente certaines insuffisances. Ces insuffisances sont sans doute la raison pour laquelle dans certains cas, dans certaines affaires graves, ou médiatiques, le dispositif légal est écarté au profit d'une négociation directe, d'une transaction conclue avec la victime de l'erreur.

Le mécanisme est à certains égards insuffisant, mais ces insuffisances ne doivent pas conduire à nier l'intérêt du dispositif. En effet, si certaines améliorations, ponctuelles, permettraient de renforcer l'efficacité et l'effectivité du dispositif, la principale critique faite au dispositif reste et restera cette incapacité à faire disparaître les conséquences dommageables de l'erreur. Quelles que soient les volontés et les propositions, il est impossible de faire disparaître les conséquences dommageables de l'erreur judiciaire, de réparer des années perdues.

À l'impossible nul n'est tenu serait-on tenté de dire… Et pourtant le législateur s'efforce de tendre au mieux vers cet objectif, même s'il apparaît que ce mieux pourrait encore être amélioré. En définitive, face à l'impossibilité de faire totalement disparaître l'injustice, la loi apporte la seule réponse possible, celle de restaurer une certaine justice.

---

[237] On ne peut qu'adhérer à l'observation selon laquelle « il est certainement excessif, sauf en un sens strictement juridique, de parler de réparation intégrale, car une détention injustifiée s'indemnise plus qu'elle ne se répare », C. Lazerges, « Réflexions sur l'erreur judiciaire », préc.

Les avis de la Commission nationale consultative des droits de l'homme

Christine LAZERGES et Hervé HENRION

Découvrir, prévenir, réparer, tels ont été les trois temps de ce beau colloque sur l'erreur judiciaire en droit et en fait, organisé par l'Université Jean Moulin les 20 et 21 novembre 2014, auquel la Commission nationale consultative des droits de l'homme (CNCDH) a été très heureuse d'être invitée. Le sujet est infiniment difficile, il nous rappelle que la justice est aussi humaine que l'erreur. Il nous rappelle aussi que la vérité judiciaire n'est que la vérité judiciaire et qu'elle peut ne pas être la vérité d'où l'intérêt évident de la procédure de révision. Jürgen Habermas dit très judicieusement : « *Juger est un agir juridictionnel* », or il n'y a pas d'agir sans erreur, l'erreur judiciaire est inéluctable sous toutes ses formes mais tout doit être fait pour la découvrir, pour la prévenir et pour la réparer.

Le sujet de l'erreur judiciaire est d'une remarquable actualité en raison de la promulgation le 20 juin 2014, puis de la publication au *JORF* du 21 juin 2014 d'une loi *relative à la réforme des procédures de révision et de réexamen d'une condamnation pénale définitive.*

La question de la révision judiciaire pour la CNCDH, cette vieille institution de la République, créée par René Cassin au sortir de la seconde guerre mondiale, a donné lieu à deux avis en 2014. Robert Badinter aime à dire de la CNCDH qu'elle est une « compagnie de vigilants ». Par sa composition pluraliste et son indépendance consacrée par la loi, la CNCDH joue un rôle de vigie pour la protection et la promotion des droits de l'homme au plan national et international.

En matière de révision notre autorité administrative indépendante a rendu deux avis successivement au cours de la navette parlementaire sur la proposition de loi déposée par M. Alain Tourret à la suite du rapport d'information n° 1598 préparé avec M. Georges Fenech « *Corriger les erreurs judiciaires : la révision des condamnations pénales* » et présenté à la Commission des lois de l'Assemblée nationale en décembre 2013[238]. À la suite d'une audition par la mission d'information, la CNCDH a préparé un premier avis adopté le 13 février 2014[239]. Ayant appris le dépôt, en cours de

[238] A. Tourret et G. Fenech, *Rapport d'information n° 1598. Corriger les erreurs judiciaires : la révision des condamnations pénales*, Assemblée nationale, Commission des lois, décembre 2013.

[239] CNCDH 13 février 2014, *Avis sur la révision des condamnations pénales en cas d'erreur judiciaire, JORF* n° 0044 du 21 février 2014, texte n° 78.

navette parlementaire, d'un amendement aux fins d'élargir la révision aux décisions de relaxe et d'acquittement, la CNCDH s'est ressaisie du sujet pour approfondir cette question avant de rendre un second avis le 27 mars 2014[240]. En conclusion de cette manifestation scientifique, nous reviendrons sur les points forts de l'avis général de la CNCDH du 13 février 2014 (**I**), puis sur ceux de l'avis du 27 mars 2014 (**II**).

I. Les essentiels de la position de la CNCDH dans son avis du 13 février 2014

A. Faciliter l'accès à la demande de révision

1. Simplifier la définition des cas d'ouverture à révision

Avant la réforme, il existait quatre cas d'ouverture à révision au bénéfice d'une personne définitivement condamnée pour un crime ou un délit (ancien article 622 du CPP). Les trois premiers étaient dits déterminés, car ils visaient trois hypothèses spécifiques : l'inexistence d'un homicide[241], les condamnations inconciliables[242] et le faux témoignage[243]. Le dernier cas d'ouverture était quant à lui indéterminé, dès lors que la révision pouvait être demandée dans l'hypothèse où : « *Après une condamnation, vient à se produire ou à se révéler un fait nouveau ou un élément inconnu de la juridiction au jour du procès (souligné par nous), de nature à faire naître un doute sur la culpabilité du condamné* ». En pratique, depuis la réforme de 1989, c'est sur lui que se fonde le plus grand nombre des recours introduits devant la commission de révision[244].

---

240 CNCDH 27 mars 2014, *Avis complémentaire sur la révision des condamnations pénales en cas d'erreur judiciaire, JORF* n° 0087 du 12 avril 2014, texte n° 47.

241 « *Après une condamnation pour homicide, sont représentées des pièces propres à faire naître de suffisants indices sur l'existence de la prétendue victime de l'homicide* ».

242 « *Après une condamnation pour crime ou délit, un nouvel arrêt ou jugement a condamné pour le même fait un autre accusé ou prévenu et que, les deux condamnations ne pouvant se concilier, leur contradiction est la preuve de l'innocence de l'un ou de l'autre condamné* ».

243 « *Un des témoins entendus a été, postérieurement à la condamnation, poursuivi et condamné pour faux témoignage contre l'accusé ou le prévenu ; le témoin ainsi condamné ne peut pas être entendu dans les nouveaux débats* ».

244 Commission de révision des condamnations pénales, *Bilan de l'activité 2012, in :* Cour de cassation, *Rapport annuel d'activité*, Paris 2012. Voir également, A. Tourret et G. Fenech, *Rapport d'information n° 1598, op. cit.*, p. 25, qui précisent que ce cas d'ouverture a été invoqué à titre exclusif dans 88 % des demandes qui ont conduit au prononcé d'une annulation par la cour de révision depuis 1989. De fait, même lorsqu'un autre cas d'ouverture est avancé par le condamné, il n'est pas rare

La simple lecture des anciennes dispositions de l'article 622 montre que les trois premières hypothèses faisaient toutes intervenir la survenance, depuis la condamnation, d'un nouvel élément, qu'il soit purement factuel ou ait une connotation juridique[245]. Dès lors que le quatrième cas d'ouverture englobait les trois premiers, il a paru à la CNCDH juridiquement opportun de supprimer les trois premiers cas pour ne maintenir que le dernier. À cet égard, il convient de saluer que le législateur a retenu cette option dans la récente loi. La rédaction de l'article 622 est désormais simplifiée et son caractère dérogatoire atténué. Les magistrats seront dorénavant invités à interpréter la recevabilité et le bien-fondé des demandes de révision de manière moins stricte[246], voire moins restrictive, et à initier une pratique « *plus ouverte* » de cette procédure.

Il convient néanmoins de préciser que les nouvelles dispositions maintiennent la distinction entre le fait nouveau qui se produit après une condamnation et l'élément inconnu de la juridiction au jour du procès qui se révèle ultérieurement. Pourtant, l'examen de la jurisprudence montre que la chambre criminelle ne différencie pas toujours nettement « *l'élément inconnu* » du « *fait nouveau* »[247]. En pratique, il n'est d'ailleurs pas toujours évident de distinguer le premier du second. Pour s'en convaincre il suffit d'évoquer la preuve par ADN ou la découverte, plusieurs années après une condamnation, d'une lettre conservée dans un coffre et contenant des aveux…

---

que ce cas indéterminé vienne également à l'appui de la demande pour mieux se prémunir contre tout risque de rejet.

[245] Dans ce sens F. Fournié, « Aime la vérité mais pardonne à l'erreur. Libres propos relatifs à la procédure de révision des condamnations pénales », *AJ Pénal* 2011, p. 327. Voir également J. Pradel, *Procédure pénale*, Cujas, Paris 2008, n° 1013.

[246] D'autant plus que le principe de l'interprétation stricte, parfois implicitement mis en œuvre par la cour de révision, intéresse les normes répressives de droit matériel et non procédural, et qu'en tout état de cause, il joue en faveur de l'intéressé et non en sa défaveur.

[247] Certaines décisions ne se réfèrent qu'au « *fait nouveau* » (voir Cass. crim. 26 juin 1991, Bull. crim. n°s 282 et 283 ; Cass. crim. 29 mars 1995, Bull. crim. n° 138 ; Cass. crim. 25 mai 2006, Bull. crim. n° 152 ; Cass. crim. 24 juin 2009, n° 08-86070 ; Cass. crim. 15 mai 2013, n° 12-84818). D'autres décisions évoquent « *l'élément nouveau ou inconnu* » sans le distinguer nettement du « *fait* » (voir Cass. crim. 25 nov. 1991, Bull. crim. n° 434 ; Cass. crim. 16 mars 1993, Bull. crim. n° 116 ; Cass. crim., 9 mai 1994, Bull. crim. n° 176 ; Cass. crim. 28 juin 1994, Bull. crim. n° 258 ; Cass. crim. 5 juin 1996, Bull. crim. n° 240 ; Cass. crim. 3 avr. 2001, Bull. crim. n° 90).

Pour sa part, la doctrine a tendance à fondre la notion d' « *élément inconnu* » dans celle de « *fait nouveau* »[248]. La CNCDH craint que ces incertitudes ne puissent être à l'origine d'une délimitation floue variant au gré des espèces, voire d'une restriction du champ d'application de l'article 622 du CPP. De manière à y remédier, on peut proposer l'idée que l'ignorance de « *l'élément* » entendu au sens large peut tenir :

- à son inexistence au jour du procès (découverte ultérieure de la présence d'un suspect sur les lieux du crime, survenance ultérieure d'une preuve scientifique nouvelle, aveux ultérieurs d'une personne étrangère au premier procès,...) ;
- à la méconnaissance de son existence au jour du procès (découverte, après le procès, d'une pièce à décharge auparavant dissimulée,...).

Ainsi interprétée, la notion d' «*élément inconnu* », par sa généralité, englobe celle de « *fait nouveau* »[249]. La CNCDH a donc proposé que, dans sa nouvelle rédaction, l'article 622 du CPP se réfère à « *tout élément nouveau ou inconnu de la juridiction au jour du procès* », cette formulation ayant le mérite d'inclure toutes circonstances nouvelles ou inconnues au jour du procès et tous éléments probatoires nouveaux ou inconnus à cette même date. La CNCDH regrette que le législateur n'ait pas repris cette proposition, qui aurait eu pour conséquence d'assouplir encore davantage les conditions d'admission de la révision tout en préservant le caractère dérogatoire de cette procédure. Focaliser sur l'élément aurait également permis de mettre le nouveau texte en phase avec les dernières évolutions jurisprudentielles de la chambre criminelle qui tend à admettre la révision en cas de doute, non plus directement sur la culpabilité, mais sur le contenu de l'accusation[250].

Enfin, s'agissant de la question du doute sur la culpabilité, il a été envisagé, au cours des débats parlementaires, d'ajouter un qualificatif, tel que « *moindre* » ou « *simple* » devant le vocable « *doute* » et ce, afin d'étendre le champ de la révision. Telle n'a pas été l'option finalement retenue, ce que la CNCDH ne peut qu'approuver. En effet, non seulement le doute est une notion philosophique difficile à quantifier, mais encore, en

---

[248] Lorsque la doctrine traite du quatrième cas d'ouverture, elle inclut les développements relatifs à l' « élément *inconnu* » sous le « *fait nouveau* ». Voir notamment H. Angevin, « Demandes en révision », *Jurisclasseur Proc. Pén.* Art. 622-626., n° 69 et s. ; E. Daures, « Révision », *Rép. Dalloz dr. pén. proc. pén.*, n° 44 et s.

[249] Conf. C. Mathon, *Note technique relative à la révision des condamnations pénales définitives,* Cour de cassation, avril 2012.

[250] Cass. crim. 15 mai 2013, n° 12-84818 ; Cass. crim. 23 octobre 2013, n° 12-86325.

application de l'adage « *ubi lex non distinguit…* », rien n'interdit au juge de la révision de considérer que tout doute, toute incertitude sur la culpabilité d'un condamné pour crime ou pour délit doit pouvoir ouvrir à ce dernier la voie d'un nouveau procès.

2. Étendre la liste des personnes pouvant demander la révision

Afin de tenir compte des évolutions juridiques et sociologiques de la famille et du couple, la CNCDH a recommandé d'ouvrir la révision aux concubins, personnes pacsées et ayants droit du condamné, en cas de décès ou d'absence déclarée de celui-ci[251]. Elle ne peut donc que se réjouir de la nouvelle rédaction de l'article 622-2 4° du CPP. Toutefois, la responsabilité pénale des personnes morales instaurée en 1994 (article 121-2 du code pénal) n'a malheureusement pas été prise en compte par le législateur. Dans ces conditions, la CNCDH aurait vivement souhaité que la nouvelle loi permette également au représentant légal de la personne morale de demander la révision.

La CNCDH a en outre regretté que l'ancien article 623 du CPP ne permette pas au procureur général près la Cour de cassation de demander la révision, alors qu'il peut, d'une part, solliciter le réexamen d'une décision définitive à la suite d'une condamnation de la France par la Cour européenne des droits de l'homme (article 626-2 du CPP) et d'autre part, former un pourvoi en cassation dans l'intérêt de la loi contre une décision définitive (article 621 du CPP). Le rôle du procureur général près la Cour de cassation n'est au demeurant pas celui d'une autorité poursuivante. Dès lors qu'il est de l'intérêt de la société que les erreurs judiciaires soient corrigées, la CNCDH a recommandé d'ajouter le procureur général près la Cour de cassation à la liste des requérants, ce qui a été réalisé dans le nouvel article 622-2 2° du CPP.

Par ailleurs, il doit être rappelé que le parquet fait, en vertu de la jurisprudence du Conseil constitutionnel, partie intégrante de l'autorité judiciaire, « *gardienne de la liberté individuelle* » (article 66 de la Constitution de 1958)[252]. Pour cette raison, la CNCDH a déclaré être favorable à l'ouverture du recours en révision aux procureurs généraux, afin

---

[251] Cette proposition est en cohérence avec les règles relatives à la conservation des moyens de preuve (cf. VI.).

[252] Cons. const. 11 août 1993, *JORF* du 15 août 1993, p. 11599. *Contra* Cour EDH 10 juill. 2008, *Medvedyev c. France*, n° 3394/03, *Rec. Dalloz*. 2009, p. 600, note J.-F. Renucci ; Cour EDH 23 nov. 2010, *Moulin c. France*, n° 37104/06, *Rec. Dalloz* 2011, p. 338 note J. Pradel ; *RSC* 2011. 208, obs. D. Roets.

de conforter leur impartialité[253]. Garant des intérêts de la société, le ministère public doit bénéficier de prérogatives procédurales lui permettant d'initier des procédures destinées à corriger et réparer des erreurs judiciaires. Dans ces conditions, la CNCDH ne peut que se réjouir des dispositions du dernier alinéa de l'article 622-2 ouvrant la voie de la révision aux procureurs généraux.

B. Mieux garantir le principe du contradictoire et des droits de la défense

Les anciens articles 623 et 625 du CPP étaient totalement silencieux en ce qui concerne les prérogatives procédurales du demandeur en révision. S'agissant de la procédure menée devant la commission de révision, certains estimaient qu'il y avait lieu d'appliquer les règles de l'instruction préparatoire et notamment celles des articles 114 et suivants du CPP relatifs aux droits de la défense et à l'accès au dossier[254]. Pour combler ces lacunes, la CNCDH a recommandé, afin de mieux garantir les droits de la défense, de consacrer explicitement les garanties procédurales du demandeur en révision en rappelant que cette procédure est destinée à corriger et réparer une erreur judiciaire.

1. Renforcer le droit à l'assistance d'un avocat et garantir l'accès au dossier

La CNCDH a exprimé le souhait de l'inscription dans le code du droit à l'assistance d'un avocat, au besoin commis d'office. La nouvelle rédaction de l'article 624-4 du CPP constitue à ce propos une réelle avancée, même si toutes les difficultés pratiques découlant de l'organisation et du fonctionnement de la commission d'office devant la Cour de cassation ne sont pas résolues. De plus, la CNCDH ne peut que se réjouir de l'intégration dans le code de procédure pénale d'un nouvel article 624-6 permettant au requérant d'obtenir la délivrance gratuite de la première copie (papier ou numérisée) de tout ou partie des pièces et actes du dossier. Elle s'était clairement prononcée dans ce sens dans l'avis du 13 février dernier, sans toutefois préciser le délai de délivrance. Le délai d'un mois fixé dans le nouvel article 624-6 du CPP peut paraître court lorsque le dossier est archivé.

---

253 Article 31 du CPP : « *Le ministère public exerce l'action publique et requiert l'application de la loi, dans le respect du principe d'impartialité auquel il est tenu* ».
254 Dans ce sens J. Pradel, *Procédure pénale*, *op. cit.*, n° 1016.

2. Permettre les demandes d'actes

Avant la réforme, rien n'était prévu dans le code quant à la possibilité pour le requérant de procéder à une demande d'acte. À ce propos, il doit être rappelé que la charge de la preuve pèse sur la personne condamnée[255] : il incombe à celle-ci d'établir l'erreur judiciaire qui aurait été commise à son détriment[256]. Il est donc primordial de lui garantir des prérogatives procédurales lui permettant de prouver son innocence, étant rappelé qu'il n'a pas à sa disposition, contrairement aux commission et cour de révision, les moyens étatiques d'investigation. Dans son avis du 13 février dernier, la CNCDH estimait que le droit de déposer des demandes d'actes d'instruction devait impérativement être consacré dans le code de procédure pénale. En pratique, une demande écrite et motivée pourrait être adressée au rapporteur en charge du dossier. Ce dernier devrait, s'il n'entendait pas y faire droit, rendre une décision motivée au plus tard dans un délai d'un mois à compter de la réception de la demande. La décision de refus serait alors susceptible de recours devant la commission de révision. À cet égard, le nouvel article 624-5 du CPP ne constitue, à première vue, qu'une petite avancée, dans la mesure où il prévoit que la demande d'acte est directement adressée à la commission d'instruction sans recours possible. Pour autant, il convient de relever que le nouvel article 626 du code de procédure pénale organise une enquête préalable sous la direction du procureur de la République, ce qui permet de compenser la « timidité » des dispositions de l'article 624-5.

3. Définir clairement les conditions du supplément d'information ordonné par la commission d'instruction

Avant la réforme, la garantie effective des droits de la défense pouvait être mise à mal, en l'absence de dispositions spécifiques relatives au supplément d'information ordonné par la commission de révision. En cette matière, le silence de la loi s'avérait particulièrement gênant dès lors qu'il existait des pratiques différentes selon les compositions de la commission. En outre, s'agissant des actes d'instruction eux-mêmes, la rédaction insuffisamment précise de l'ancien article 623 alinéa 3 du CPP (la commission procède « *directement ou par commissions rogatoires, à toutes recherches, auditions, confrontations et vérifications utiles...* ») était également génératrice de difficultés : si la commission a estimé pouvoir faire placer une personne sous écoute téléphonique (articles 100 et s. du CPP),

---

[255] Voir H. Angevin, *Demandes en révision*, *op. cit.*, n° 117.

[256] Le demandeur en révision, énonce un arrêt de la Cour de cassation, « *dont la culpabilité a été légalement établie, au sens de l'article 6, § 2 de la Convention européenne des droits de l'homme, ne peut plus se prévaloir de la présomption d'innocence* » (Cass. crim. 20 nov. 2002, Bull. crim. n° 209).

elle a jugé qu'il n'en allait pas de même pour l'inscription d'une empreinte génétique au FNAEG (articles 706-54 et s. du CPP). N'étant pas un organe de poursuite, à la différence du magistrat instructeur, il n'appartenait pas davantage à la commission de faire procéder au placement en garde à vue d'une personne entendue, quand bien même il existerait des « *raisons plausibles de soupçonner qu'elle a commis ou tenté de commettre un crime ou un délit...* » (article 153 du CPP). Dans ces conditions, le nouvel article 624 du CPP a le mérite de clarifier la situation en permettant à la commission d'instruction de procéder directement ou par commission rogatoire, dans les formes prescrites par le code de procédure pénale, à tout acte utile à la manifestation de la vérité, à l'exception de l'audition d'une personne suspectée d'avoir commis ou tenté de commettre une infraction.

4. Consacrer explicitement le supplément d'information à l'initiative de la cour

S'agissant des procédures menées devant la cour de révision et de réexamen, la CNCDH a envisagé d'intégrer dans le code de procédure pénale une disposition comparable à celle relative au supplément d'information ordonné par le tribunal correctionnel (article 463 du CPP)[257], de manière à garantir pleinement les droits de la défense du requérant. Dans ces conditions, la CNCDH ne peut que saluer les nouvelles dispositions des articles et 624-3 alinéa 1er du CPP qui réglementent désormais le supplément d'information devant la cour.

5. Permettre la comparution personnelle des témoins et experts devant les commission et cour de révision

Les articles 623 et 625 du CPP ne prévoyaient pas que les experts et témoins puissent être entendus devant les commission et cour de révision. Pour la CNCDH, le principe du contradictoire et les droits de la défense commandent cependant que cette possibilité soit consacrée dans le code. En effet, le procès en révision est destiné à corriger une erreur judiciaire et la découverte de la vérité suppose un réel dialogue sur les preuves supposant la comparution personnelle des différents intervenants à la procédure de révision. Pour la CNCDH, cette comparution personnelle pourrait être ordonnée par la juridiction ou sollicitée par le ministère public ou le condamné. Dans cette dernière hypothèse, elle devrait être de droit. Ainsi, le

---

[257] Article 463 du CPP : « *S'il y a lieu de procéder à un supplément d'information, le tribunal commet par jugement un de ses membres qui dispose des pouvoirs prévus aux articles 151 à 155.*
Ce supplément d'information obéit aux règles édictées par les articles 114, 119, 120 et 121 ».

nouvel article 624-3 du CPP qui laisse au seul président de la cour la possibilité de demander l'audition par la formation de jugement de « *toute personne utile à l'examen de la demande* » constitue une avancée bien trop timorée.

II. Les essentiels de la position de la CNCDH dans son avis du 27 mars 2014

Dans son avis du 13 février 2014, la CNCDH recommande de ne pas ouvrir la révision aux victimes ou parties civiles, et l'on précisera ici qu'il en est de même à l'égard de l'ouverture au ministre de la Justice et au ministère public de la révision en défaveur d'une personne définitivement relaxée ou acquittée[258]. Cet avis a été voté quelques jours avant la première lecture devant l'Assemblée nationale d'une proposition de loi relative aux procédures de révision et de réexamen d'une condamnation pénale définitive. À cette occasion, plusieurs parlementaires ont déposé un amendement aux fins d'élargir la révision aux relaxes et acquittements définitifs[259]. Partant, il est apparu utile à la CNCDH d'expliciter sa position qui repose sur une série d'arguments.

A. Le principe d'interdiction de remise en cause du sort d'une personne définitivement relaxée ou acquittée

Le droit français a consacré depuis très longtemps le principe selon lequel il est interdit de remettre en cause le sort d'une personne ayant fait l'objet d'un acquittement ou d'une relaxe définitifs. Déjà l'ordonnance de 1670, qui n'est pas connue pour sa particulière indulgence, avait instauré le droit à la révision au bénéfice du seul condamné. Plus près de nous, le code d'instruction criminelle de 1808 (articles 443 et suivants) puis le code de procédure pénale de 1958 (articles 622 et suivants), ont, à leur tour, consacré un droit à la révision au profit des seuls condamnés. Cette permanence dans l'approche de la révision pour erreur judiciaire, notamment dans les deux derniers codes, est l'expression d'une conception humaniste de la procédure pénale qui plonge ses racines dans le siècle des Lumières. Blackstone, député et jurisconsulte anglais du XVIIIème siècle, affirmait ainsi : « *Mieux vaut dix coupables en liberté qu'un innocent en prison* ».

[258] *Ibid.*, § 23.

[259] Amendement n° CL6 présenté par Messieurs Fenech & autres, Assemblée nationale 14 février 2014 : http://www.assemblee-nationale.fr/14/amendements/1700/CION_LOIS/CL6.asp.

Son fondement peut être trouvé dans l'article 9 de la Déclaration de 1789 qui consacre la présomption d'innocence en tant que « *droit de l'homme et du citoyen* ». En effet, si la présomption d'innocence impose de faire prévaloir la thèse de l'innocence sur la thèse de la culpabilité avant que n'intervienne une décision définitive de condamnation, elle impose à plus forte raison une protection particulière et renforcée de l'innocence une fois celle-ci définitivement reconnue. En conséquence, les décisions définitives d'acquittement et de relaxe sont et doivent demeurer intangibles. C'est d'ailleurs ce que prescrit expressément l'article 368 du code de procédure pénale (CPP) lorsqu'il énonce : « *Aucune personne acquittée légalement ne peut plus être reprise ou accusée à raison des mêmes faits, même sous une qualification différente* ». Ce texte est traditionnellement considéré comme l'expression, au moins en matière criminelle, de la règle d'application plus générale dite *non bis (*ou, *ne bis) in idem*.

À cet égard, il est utile de rappeler que le code ne sécurise aussi fortement que les décisions définitives mettant la personne poursuivie définitivement hors de cause, dont le régime juridique est radicalement différent de celui des relaxes et acquittements rendus en premier ressort, ainsi que de celui des non-lieu. Ces dernières décisions, qui ne sont pas définitives, peuvent en effet être infirmées par l'exercice d'une voie de recours ordinaire (c'est le cas des décisions rendues en premier ressort) ou la découverte de nouvelles charges (en cas de non-lieu). Évoquer leur régime juridique pour soutenir l'élargissement de la procédure de révision aux acquittements et relaxes définitifs, revient à opérer une confusion entre deux catégories bien différentes de décisions (non définitives / définitives) et les voies de recours qui s'y rattachent (ordinaires / extraordinaires). De même, serait-elle dotée de l'autorité de chose jugée, une décision de non-lieu est assurément beaucoup plus fragile de ce point de vue qu'une décision définitive de relaxe ou d'acquittement, ce qui est logique dès lors que réciproquement, les « charges » pesant sur une personne lors de son renvoi devant la juridiction de jugement ne sont en rien comparables à une « déclaration de culpabilité » prononcée par cette même juridiction.

B. Le principe *non bis in idem*

Loin de n'être qu'une spécificité nationale, la règle *non bis in idem* est affirmée, d'abord au plan international, par le Pacte onusien relatif aux droits civils et politiques ratifié par la France (article 14 § 7), et ensuite au plan européen, par le Protocole n° 7 additionnel à la Convention européenne des droits de l'homme, dont l'article 4.1 dispose : « *nul ne peut être poursuivi ou puni pénalement par les juridictions du même État en raison d'une infraction pour laquelle il a déjà été acquitté ou condamné par un jugement définitif conformément à la loi et à la procédure de cet État* ». Enfin, l'article 54 de la Convention d'application de l'Accord de Schengen, ainsi que plus récemment l'article 50 de la Charte des droits fondamentaux de l'Union européenne, consacrent eux aussi ce même droit. En conséquence, une fois le procès pénal achevé, la décision de relaxe ou d'acquittement définitivement rendue, la personne poursuivie est quitte, des raisons d'humanité évidentes expliquant qu'en aucun cas elle ne doit vivre sous la menace permanente d'un second procès à raison des mêmes faits[260].

L'on rappellera à ce propos que la Cour européenne des droits de l'homme s'est ralliée à la jurisprudence communautaire dans son interprétation de l'article 54 de la Convention d'application de l'accord de Schengen[261] en précisant que l'article 4.1 du Protocole 7 :

- entre en jeu lorsque de nouvelles poursuites sont engagées alors qu'une décision antérieure de relaxe ou d'acquittement est devenue définitive ;
- énonce une garantie contre de nouvelles poursuites ou le risque de nouvelles poursuites lorsque les faits – et non les qualifications juridiques - donnant lieu à deux procès pénaux successifs « *sont identiques ou en substance les mêmes* »[262].

Ainsi, la garantie de l'article 4.1 du Protocole 7 sécurise les acquittements et relaxes définitifs, en interdisant de nouvelles poursuites pour les mêmes circonstances factuelles. Permettre la révision de telles décisions contrevient nécessairement aux exigences internationales et européennes. Le code de procédure pénale allemand (StPO) autorise certes en son paragraphe 362 la révision en défaveur de la personne relaxée ou acquittée dans des conditions extrêmement strictes[263] et dont la réunion est

---

[260] F. Desportes et L. Lazerges-Cousquer, *Traité de procédure pénale,* Economica, Paris 2013, n° 434, p. 310.

[261] Voir notamment CJCE 9 novembre 2006, *Van Esbroek*, C 436/04 ; CJCE 18 juillet 2007, *Kraaijenbrink*, C 367/05.

[262] Cour EDH gde chbre 10 février 2009, *Zolotoukhine c. Russie*, req. n° 14939/03.

[263] Le paragraphe 362 StPO prévoit la possibilité d'une réouverture de la procédure au détriment de la personne condamnée seulement et uniquement dans les hypothèses suivantes :
- lorsqu'une pièce produite en défense lors des débats est fausse ou a été falsifiée ;
- lorsqu'un témoin à décharge a fait un faux témoignage ou un expert a déposé à décharge dans des conditions contraires à son serment ;
- lorsqu'a siégé dans la formation de jugement un juge ou un juré qui s'est rendu coupable, en rapport avec l'affaire, d'une violation pénalement sanctionnée de ses obligations ;
- lorsque la personne acquittée a avoué, de manière crédible, devant un tribunal ou en dehors.

en pratique difficile et rare. Mais une grande partie de la doctrine ne ménage pas ses critiques à l'égard de ce recours en se référant notamment à l'article 4.1 du Protocole 7 également ratifié par l'Allemagne[264].

C. Le principe de sécurité juridique

L'ouverture de la révision à l'encontre de décisions de relaxe ou d'acquittement serait génératrice d'une très grande insécurité juridique. D'une part, cette option conduirait, certes indirectement mais inévitablement, à faire échec à un autre mécanisme traditionnel de la procédure pénale française, la prescription de l'action publique (articles 6 et suivants du CPP), dans la mesure où le recours en révision n'est soumis à aucune condition de délai. En conséquence, l'auteur d'un crime ou d'un délit de droit commun, à l'instar de l'auteur d'un crime contre l'humanité, crime exorbitant de ce droit commun, pourrait se voir poursuivi et condamné *ad vitam aeternam*. Non seulement ce serait là une remise en cause totale du droit à l'oubli consacré par les règles relatives à la prescription, mais encore, et non sans paradoxe, la personne définitivement acquittée verrait sa situation considérablement aggravée par rapport à celle de la personne qui, ayant eu la chance de ne pas être découverte, bénéficierait de la prescription des faits commis...

D'autre part, il convient de rappeler à nouveau que l'interdiction de revenir sur les relaxes et acquittements définitifs est liée au principe d'autorité de la chose jugée. Les dispositions du code de procédure pénale relatives à la révision (articles 622 et s. du CPP) révèlent en effet un subtil équilibre entre le respect du principe de l'autorité de la chose jugée et la nécessité de réparer les erreurs judiciaires. L'exercice de ce recours exceptionnel est, sous peine de réduire à néant le principe de l'autorité de la chose jugée, subordonné à des conditions strictement déterminées. La chose jugée, dont l'article 6 du CPP fait l'une des causes d'extinction de l'action publique, est la situation qui se réalise lorsque, toutes les voies de recours ayant été épuisées ou les délais pour les exercer écoulés, une décision juridictionnelle est devenue définitive. Cette décision bénéficie alors de la présomption légale prévue par l'article 1350, 4° du code civil, dont il résulte qu'elle est couverte du manteau de la vérité judiciaire. L'autorité de la chose jugée est socialement indispensable pour éviter que les procès ne s'éternisent ou ne se répètent. Ouvrir la révision aux décisions d'acquittement et de relaxe conduirait inexorablement les victimes, persuadées de la culpabilité de la personne

---

[264] Voir R. Hannich (dir.), *Karlsruher Kommentar zur Strafprozessordnung,* 6e éd., C.H. Beck, Munich 2008, § 362 n° 1, 3 ; L. Meyer-Goβner et B. Schmitt, *Strafprozessordnung mit GVG und Nebengesetzen,* 56e éd., C.H.Beck, Munich 2013, § 362, n° 1.

acquittée ou relaxée, à rechercher sans fin les preuves de cette culpabilité[265]. Et l'autorité de la chose jugée, dont les atteintes doivent demeurer exceptionnelles, serait dans ces conditions ruinée.

D. La fonction pacificatrice du procès pénal

Permettre la révision des relaxes et acquittements définitifs serait de nature à entraver le travail de deuil de la victime ou de ses ayants droit en provoquant une perpétuation morbide de la souffrance entraînant un risque réel de multiplication :

- et des recours en révision, si les victimes devaient se voir ouvrir cette voie de droit,
- et des saisines des parquets aux fins de nouvelles investigations, si le ministère public devait se voir reconnaître la possibilité d'initier une telle procédure à l'encontre d'une décision d'acquittement ou de relaxe.

Dans ces deux hypothèses, la fonction pacificatrice du procès pénal serait indéniablement réduite à néant en raison du risque de contestation permanente des relaxes et acquittements définitifs. Au contraire, et on l'ignore parfois, même en matière criminelle, l'article 372 du CPP contribue fortement à cette œuvre de pacification en permettant à la partie civile de demander, en cas d'acquittement de la personne poursuivie, la réparation du dommage résultant de la faute de l'accusé.

Enfin, en cinquième et dernier lieu, il convient de rappeler que la justice pénale sert l'intérêt général. Ouvrir la révision à l'encontre des relaxes et acquittements définitifs, même à l'initiative du seul parquet, présente le grave inconvénient, pour les raisons exposées plus haut, de placer le procès pénal sous le joug permanent d'intérêts purement privés. À cet égard, la CNCDH a déjà estimé à propos de la place croissante prise par les victimes dans le procès pénal français « *qu'une société qui ne parvient plus à maîtriser collectivement, politiquement au sens le plus noble du terme, la détermination des cibles de la répression pénale, souffre d'une sorte de privatisation d'un élément essentiel du contrat social* »[266].

(Résultat du vote en assemblée plénière : adoption à l'unanimité)

---

[265] Dans ce sens M. Lebranchu, *in :* A. Tourret et G. Fenech, *Rapport d'information n° 1598, op. cit.*, p. 75.

[266] CNCDH 24 janvier 2002, *Réflexions sur le sens de la peine.* Cf. G. Giudicelli-Delage et C. Lazerges (dir.), *La victime sur la scène pénale en Europe,* PUF, coll. Les voies du droit, Paris 2008.

Questions juridiques aux éditions L'Harmattan

Dernières parutions

DIVORCE (LE) DU CHEF D'ENTREPRISE
Artiste, libéral, artisan, commerçant, actionnaire – Se marier, payer, divorcer
Rond Patrice
Patrice Rond, expert financier auprès des tribunaux, donne dans cet ouvrage les clés incontournables qui permettent à un entrepreneur, quel qu'il soit, d'anticiper sur ses droits et ses risques en cas de divorce. Prendre les bonnes décisions de protection de son patrimoine en choisissant les bons contrats de mariage, savoir changer de régime matrimonial quand il s'avère inadapté est tout à fait possible et souhaitable.
(16.50 euros, 158 p.)
ISBN : 978-2-343-05282-3, ISBN EBOOK : 978-2-336-36540-4

L'EXPERTISE NON JUDICIAIRE À L'AUNE DES DROITS FONDAMENTAUX
Goujon-Bethan Thibault
L'expertise déjudiciarisée est en plein essor, d'une part parce que l'avis d'experts se révèle indispensable dans un nombre croissant de matières juridiques irriguées par la technique (construction, dommage corporel), et d'autre part, car la recherche d'une efficacité économique conduit à minimiser le recours au juge. Cet ouvrage est conçu comme un mode d'emploi pour aider à la décision.
(Coll. Droit privé et sciences criminelles, 21.00 euros, 196 p.)
ISBN : 978-2-343-05335-6, ISBN EBOOK : 978-2-336-36778-1

TRANSPARENCE (LA) FINANCIÈRE DES ÉLUS POLITIQUES FRANÇAIS
Les conséquences des mesures législatives de 2013
Cael Céline - Préface de Sébastien Jakubowski ; postface de Pierre-Yves Néron
Cet ouvrage veut étudier les apports des lois et dispositifs mis en œuvre pour lutter contre la corruption depuis l'affaire Cahuzac, avec notamment la mise en place d'une haute Autorité pour la Transparence de la Vie Publique, le durcissement des conditions d'éligibilité, l'encadrement du *lobbying*, la naissance d'un procureur financier,... L'auteur analyse les conséquences de ces mesures et rend compte à l'aide d'entretiens d'élus politiques, des résistances de ces derniers à une publicité financière envers les citoyens.
(Coll. Logiques sociales, 21.00 euros, 214 p.)
ISBN : 978-2-343-05013-3, ISBN EBOOK : 978-2-336-36817-7

QUI A PEUR DE LA NOUVELLE PEINE SANS PRISON ?
Ajouter du «lien» et non du «rang» pour réussir la contrainte pénale et en finir avec la récidive
Delamotte Danielle
La contrainte pénale, nouvelle peine sans prison, fait peur. Car, ce qu'on retient d'elle, c'est qu'elle évite la prison. Le sujet est pourtant plus complexe et plus nuancé. Les psychologues et les criminologues s'accordent à dire que la délinquance est la maladie du lien. Pour soigner cette maladie, il faut s'intéresser à la personne et la placer au centre de la réflexion pour envisager la «contrainte pénale» sous un autre angle.
(11.50 euros, 86 p.)
ISBN : 978-2-343-04717-1, ISBN EBOOK : 978-2-336-36487-2

JUSTICE (LA) PÉNALE INTERNATIONALE EN AFRIQUE
Aspects juridiques, défis et perspectives
Diakité Kémoko - Préface du professeur Alioune Sall
Cet ouvrage met en exergue le contexte de création ainsi que les aspects juridiques et judiciaires des juridictions pénales internationales en Afrique, notamment le TPIR (Tribunal Pénal International pour le Rwanda), la CPI (Cour Pénale Internationale)... Il montre également les défis et les perspectives de la Justice pénale internationale en Afrique.
(23.00 euros, 234 p.)
ISBN : 978-2-343-05050-8, ISBN EBOOK : 978-2-336-36705-7

GOUVERNANCE, ENJEUX ET MONDIALISATION
Recherche sur les politiques environnementales de zonage maritime
Le challenge maritime de la France de Méditerranée et d'Outre-mer
Sous la direction de François Féral et Bernard Salvat
Dans le Pacifique et l'Océan Indien, la France ne participe pas très activement au mouvement de création d'aires marines protégées géantes alors que les possibilités y sont grandes. En métropole et Outre-mer, la mise en place des parcs naturels marins apparaît laborieuse. Le programme Gouvernance des Grandes Aires Marines Protégées a donné l'occasion à deux équipes de se pencher sur ce phénomène institutionnel majeur dans la conduite globale des politiques de protection des mers et des océans.
(23.00 euros, 218 p.)
ISBN : 978-2-343-04160-5, ISBN EBOOK : 978-2-336-36489-6

COLLECTIVITÉS TERRITORIALES ET ORGANISATIONS RÉGIONALES
De l'indifférence à l'interaction
Sous la direction de Danielle Perrot
Cet ouvrage traite des modes d'insertion des collectivités territoriales dans des organisations internationales conçues par leurs États de rattachement dans diverses régions du monde. Ces collectivités, ou «entités infra-étatiques» selon le droit international, sont souvent oubliées lors des débuts de ces constructions régionales. Elles tentent d'obtenir d'être représentées, et leur participation peut générer une interaction moins inégalitaire.
(Coll. Grale, 47.00 euros, 488 p.)
ISBN : 978-2-343-05111-6, ISBN EBOOK : 978-2-336-36639-5

ÉTHIQUE (L') DE L'AVOCAT PÉNALISTE
Rude-Antoine Edwige - Préface de Jean Danet
L'avocat est représenté, dans la fiction, sous les traits d'un être ambigu, sans cesse sur le fil... ce livre tente d'en approcher la réalité, qui est tout autre. Quelles relations d'ordre éthique l'avocat entretient-il avec lui-même mais aussi avec l'autre : son client, qu'il soit prévenu ou accusé, les jurés, les magistrats ? Peut-on parler du rapport de l'avocat à la vérité ? Comment peut-il construire des lignes de défense tout en restant partenaire de justice ?
(Coll. Éthique en contextes, 21.00 euros, 208 p.)
ISBN : 978-2-343-05222-9, ISBN EBOOK : 978-2-336-36460-5

NAISSANCE DE L'OBSERVATOIRE DE LA RÉCIDIVE ET DE LA DÉSISTANCE
Un long processus inachevé
Tournier Pierre V.
L'analyse de la récidive aurait logiquement dû relever de la compétence de l'Observatoire national de la délinquance et des réponses pénales placé sous l'autorité du Premier ministre. Mais sous l'impulsion de Christiane Taubira le choix s'est porté sur la création d'un observatoire *ad hoc* de plus, dépendant du ministère de la Justice : l'Observatoire de la récidive et de la désistance (août 2014). Ne s'est-on pas ainsi privé des outils d'une évaluation indépendante de la loi du 15 août 2014 sur la contrainte pénale et la libération sous contrainte ?
(Coll. Criminologie, 19.00 euros, 184 p.)
ISBN : 978-2-343-05118-5, ISBN EBOOK : 978-2-336-36387-5

ÉLÉMENTS DE PRÉVENTION DU CRIME
Lemaître André
Cet ouvrage montre la diversité des modèles de prévention de la délinquance, leur spécificité mais aussi leur nécessaire complémentarité. Il insiste également sur l'obligation de veiller aux aspects éthiques des politiques de prévention mises en place. En effet, l'utopie d'une société débarrassée de toute forme de criminalité contient la disparition de toute liberté.
(Coll. Sciences criminelles, série Controverses, 15.50 euros, 160 p.)
ISBN : 978-2-343-04666-2, ISBN EBOOK : 978-2-336-36324-0

SEXUALITÉ (LA) À L'ÉPREUVE DU COUPLE
Les révélations d'une avocate
Dalbin Agnès
Dans la majorité des divorces, les difficultés d'ordre sexuel sont souvent pointées du doigt comme une cause majeure de la rupture. S'appuyant sur les confidences recueillies lors de ses entretiens avec les couples qui divorcent, l'avocate Agnès Dalbin tente d'apporter son éclairage personnel sur cette problématique. Ce livre évolue comme une véritable histoire humaine, du mariage au divorce, en passant par la parentalité et l'après-divorce.
(Coll. La justice au quotidien, 13.50 euros, 118 p.)
ISBN : 978-2-343-04938-0, ISBN EBOOK : 978-2-336-36399-8

DROIT (LE) DU HANDICAP ET LA GESTION DU PATRIMOINE CULTUREL
Vers un modèle européen ?
B. Degros Eric
La rencontre entre le droit du handicap et le droit du patrimoine peut conduire à une confrontation d'intérêts contradictoires, nécessitant de trouver un équilibre entre le principe de l'accessibilité et le respect de l'authenticité, en faveur d'une conservation durable du patrimoine culturel. Il apparaît essentiel de trouver un équilibre entre «le droit des gens» et celui «des pierres».
(40.00 euros, 424 p.)
ISBN : 978-2-343-04418-7, ISBN EBOOK : 978-2-336-36269-4

DROIT BANCAIRE ISLAMIQUE
Notions, mécanismes et protections pénales
Jafari Amin
Conçu comme un manuel de droit, l'ouvrage étudie trois thèmes principaux : la notion de finance islamique et son fonctionnement, les instruments bancaires islamiques et enfin la protection du système bancaire dans l'ensemble de ses instruments et fonctionnements. La 3e partie propose un regard classique de droit pénal des affaires en matière de droit bancaire de finance islamique. Les branches chiite et sunnite de la finance islamique ont été distinguées dès le départ, permettant ainsi une comparaison tout au long du livre.
(Coll. Sciences criminelles, 33.00 euros, 326 p.)
ISBN : 978-2-343-04637-2, ISBN EBOOK : 978-2-336-36380-6

DROIT (LE) INTERNATIONAL. ASPECTS POLITIQUES (Volume 1)
Sous la direction de Jacques Bouineau – Textes réunis par Burt Kasparian
Ces contributions invitent à réfléchir sur la recomposition contemporaine de l'espace méditerranéen et sur le droit international qui s'y applique, à partir d'exemples tirés des plus grandes civilisations méditerranéennes aux époques antique et médiévale. Elles invitent le lecteur à s'interroger sur les piliers de la Méditerranée dans le jeu des relations entre les hommes et les institutions, et à découvrir l'essence des réponses juridiques et politiques.
(Coll. Méditerranées, 16.50 euros, 158 p.)
ISBN : 978-2-343-04661-7, ISBN EBOOK : 978-2-336-36366-0

DROIT (LE) INTERNATIONAL. ASPECTS POLITIQUES (Volume 2)
Sous la direction de Jacques Bouineau – Textes réunis par Burt Kasparian
Ce volume offre une réflexion sur la recomposition de l'espace méditerranéen contemporain à partir de l'histoire ou de l'actualité. L'histoire est traitée de la période qui s'étend de la Renaissance

à la fin du XIXe siècle. En ce qui concerne l'actualité, le jeu des emprunts et des modèles juridiques transparaît aussi bien dans la fiscalité internationale actuelle que dans les transpositions constitutionnelles du droit français en Égypte ou dans l'observation du fonctionnement de l'Europe.
(Coll. Méditerranées, 19.00 euros, 184 p.)
ISBN : 978-2-336-30904-0, ISBN EBOOK : 978-2-336-36367-7

SECRETS (LES) DU DROIT
Secret, droit et cinéma
Sous la direction de Stéphane Boiron, Nathalie Goedert et Ninon Maillard
Notre société du visible, pour savoir, exige de tout voir et tout montrer, sans délai, au risque de confondre espaces privés et espaces publics. Parce qu'on l'accusait de dissimuler les abus, de servir l'arbitraire, de diviser les hommes entre initiés et profanes, le secret a été condamné comme contraire au pacte démocratique. Pourtant, c'est aussi au nom de la liberté que, face à une transparence érigée en dogme, certains osent faire l'éloge du secret. C'est pourquoi, il appartient au droit d'orchestrer l'équilibre et de distinguer le bon du mauvais secret.
(Coll. Presses Universitaires de Sceaux, 24.00 euros, 248 p.)
ISBN : 978-2-343-04670-9, ISBN EBOOK : 978-2-336-36326-4

TABLES (LES) DE LA LOI : DE L'ARGILE AU NUMÉRIQUE
La diffusion de la règle de droit à travers les âges
Evrard Sébastien
On parle aujourd'hui de «culture digitale» ou culture numérique et de diminution du papier. Est-ce un bien ou un mal ? Comment les textes, la jurisprudence et toutes les normes juridiques sont-ils diffusés aujourd'hui ? Enfin, quelles sont les spécificités de l'édition dite juridique par rapport à l'édition générale ? Répondre à ces questions nécessite d'envisager l'histoire de la connaissance puis de la diffusion de la règle de droit, ce qui fait l'objet de ce livre.
(Coll. Logiques Juridiques, 13.00 euros, 122 p.)
ISBN : 978-2-343-04478-1, ISBN EBOOK : 978-2-336-36201-4

ARTICULATION (L') DES VOIES DE DROIT DANS LE CONTENTIEUX DE LA COMMANDE PUBLIQUE À L'INITIATIVE DES TIERS AU CONTRAT
Tallet-Preud'homme Laura - Préface de Paul Cassia
Parallèlement à la formation progressive d'un «droit de la commande publique», le contentieux à l'initiative des tiers au contrat a muté, à tel point que le changement de paradigme opéré tend à faire émerger un «contentieux de la commande publique». Diverses voies de droit ont été instituées, engendrant «l'embarras du choix» voire «l'embarras tout court» du tiers concurrent évincé. La complexité de ce contentieux est telle qu'il faut détruire pour reconstruire ce paysage contentieux.
(Coll. Logiques Juridiques, 49.50 euros, 536 p.)
ISBN : 978-2-343-04827-7, ISBN EBOOK : 978-2-336-36265-6

APPRÉHENSION (L') DES PRATIQUES RESTRICTIVES PAR LES AUTORITÉS FRANÇAISES ET EUROPÉENNES DE LA CONCURRENCE
Analyse des pratiques contractuelles abusives entre professionnels à l'épreuve du droit des pratiques anticoncurrentielles
Mallen Guillaume - Préface de Linda Arcelin-Lécuyer
Définies au sens de l'étude comme des comportements contractuels unilatéraux et abusifs dans les rapports commerciaux entre professionnels, les « pratiques restrictives » peuvent être réprimées au titre du droit des pratiques anticoncurrentielles (abus de domination et entente). L'ouvrage permet d'exposer l'office des autorités de concurrence lorsqu'elles sont confrontées à ces pratiques contractuelles abusives et d'envisager des solutions concrètes en vue de perfectionner le droit positif actuel.
(Coll. Logiques Juridiques, 65.00 euros, 874 p.)
ISBN : 978-2-343-04739-3, ISBN EBOOK : 978-2-336-36189-5

L'HARMATTAN ITALIA
Via Degli Artisti 15; 10124 Torino

L'HARMATTAN HONGRIE
Könyvesbolt ; Kossuth L. u. 14-16
1053 Budapest

L'HARMATTAN KINSHASA
185, avenue Nyangwe
Commune de Lingwala
Kinshasa, R.D. Congo
(00243) 998697603 ou (00243) 999229662

L'HARMATTAN CONGO
67, av. E. P. Lumumba
Bât. – Congo Pharmacie (Bib. Nat.)
BP2874 Brazzaville
harmattan.congo@yahoo.fr

L'HARMATTAN GUINÉE
Almamya Rue KA 028, en face
du restaurant Le Cèdre
OKB agency BP 3470 Conakry
(00224) 657 20 85 08 / 664 28 91 96
harmattanguinee@yahoo.fr

L'HARMATTAN MALI
Rue 73, Porte 536, Niamakoro,
Cité Unicef, Bamako
Tél. 00 (223) 20205724 / +(223) 76378082
poudiougopaul@yahoo.fr
pp.harmattan@gmail.com

L'HARMATTAN CAMEROUN
BP 11486
Face à la SNI, immeuble Don Bosco
Yaoundé
(00237) 99 76 61 66
harmattancam@yahoo.fr

L'HARMATTAN CÔTE D'IVOIRE
Résidence Karl / cité des arts
Abidjan-Cocody 03 BP 1588 Abidjan 03
(00225) 05 77 87 31
etien_nda@yahoo.fr

L'HARMATTAN BURKINA
Penou Achille Some
Ouagadougou
(+226) 70 26 88 27

L'HARMATTAN SÉNÉGAL
10 VDN en face Mermoz, après le pont de Fann
BP 45034 Dakar Fann
33 825 98 58 / 33 860 9858
senharmattan@gmail.com / senlibraire@gmail.com
www.harmattansenegal.com

L'HARMATTAN BÉNIN
ISOR-BENIN
01 BP 359 COTONOU-RP
Quartier Gbèdjromèdé,
Rue Agbélenco, Lot 1247 I
Tél : 00 229 21 32 53 79
christian_dablaka123@yahoo.fr

Achevé d'imprimer par Corlet Numérique - 14110 Condé-sur-Noireau
N° d'Imprimeur : 123743 - Dépôt légal : novembre 2015 - *Imprimé en France*

www.ingramcontent.com/pod-product-compliance
Lightning Source LLC
LaVergne TN
LVHW051358061026
849535LV00009B/3253
* 9 7 8 2 3 4 3 0 7 2 8 4 5 *